Rachel Khan

Encore debout

La République à l'épreuve des mots

Éditions de L'Observatoire

ISBN : 979-10-329-3182-0
Dépôt légal : 2024, avril

170 *bis*, boulevard du Montparnasse, 75014 Paris

À Arnaud Beltrame,
tué par un terroriste islamiste,
mort au service de la nation.

« Bien sûr, il y a nos défaites.
Et puis la mort qu'est tout au bout
Nos corps inclinent déjà la tête
Étonnés d'être encore debout. »

Jacques Brel,
Voir un ami pleurer

Introduction

La France est une république indivisible, laïque, démocratique, sociale et… encore debout

La République est debout. Malgré tout, malgré Ilan Halimi, Sarah Halimi et tant d'autres tués parce que juifs. Debout malgré les attentats terroristes islamistes de l'école de Toulouse, *Charlie Hebdo*, l'Hyper Cacher, le Bataclan, Nice. Elle est debout malgré l'assassinat de Samuel Paty et Dominique Bernard, tués parce que professeurs de l'école de la République. Même heurtée dans sa chair, elle est debout. Une performance. Et si parfois nous pleurons, elle trouve la force, encore et toujours, d'ouvrir le parapluie de ce qui lui reste de dignité.

S'il fallait parler de son courage, il serait incarné par des noms, dont un qui m'obsède, celui de l'officier supérieur de gendarmerie Arnaud Beltrame. Un homme qui s'est volontairement substitué à une otage au cours de l'attaque terroriste d'un supermarché à Trèbes. Ce jour-là, la République s'est sacrifiée pour l'une de ces enfants.

La République est morte à travers cet homme. Pourtant, lors de l'hommage national qui lui a été rendu, le président de la République a conclu son discours par ces mots : « Vive la république et vive la France. » La République tel un phénix renaît de ces cendres, se relève, toujours, après qu'elle est, un instant, tombée.

Entachée, la République se dresse, malgré tout, face aux vents contraires et drames qui cherchent à ternir sa lumière. Chêne robuste, elle est enracinée dans la terre de l'unité nationale. Malgré les tempêtes qui la secouent, ses racines tiennent bon, mais jusqu'à quand ?

Elle est debout mais nous sommes à bout. Si chaque attentat, chaque tragédie nous rappelle le trésor que sont les principes républicains qui nous unissent, notre énergie s'érode. Nous sommes fatigués de ses divisions. Voilà tout.

Pourtant, l'histoire du monde est à un « moment intéressant », parce que comme le disait Albert Camus, « on ne peut pas s'en désintéresser ». On ne peut pas détourner le regard.

Et pour preuve, Camus, en 1940, quitte Alger pour Paris afin d'entrer dans le mouvement de résistance Combat. Plus tard, il vivra la guerre d'Algérie comme une tragédie personnelle. Dans les bouleversements internationaux, Camus reste un guide, une référence unique de ce que la littérature apporte à la lecture du monde. *L'Étranger*, *La Peste*, *Le Mythe de Sisyphe*, *L'Homme révolté* ou encore *Les Justes* ou *La Chute*, toute son œuvre s'acharne à souligner la tension paradoxale qui existe entre nos errances, l'absurdité de l'existence humaine mais qui, pourtant, face à l'injustice, sait se mettre debout pour entrer en résistance.

Lorsqu'il reçoit le prix Nobel de littérature en 1957, il décrit cette implication viscérale. Pour lui, l'honneur n'est pas tant de recevoir ce prix que d'avoir été soutenu « pendant plus de vingt ans d'une histoire démentielle [...] par le sentiment obscur qu'écrire était aujourd'hui un honneur, parce que cet acte obligeait, et obligeait à ne pas écrire seulement. Il m'obligeait particulièrement à porter, tel que j'étais et selon mes forces, avec tous ceux qui vivaient la même histoire, le malheur et l'espérance que nous partagions. »

Camus, c'est cet existentialisme qui raconte que si tout est foutu, tout est encore possible. Il est le fil rouge de cet ouvrage.

Guerre en Ukraine, situation dramatique en Afghanistan, en Iran, en Haïti, au Soudan, au Mali, au Burkina Faso, au Niger, à Taïwan, en Corée, en Arménie, guerre d'Israël contre un Hamas et autres organisations terroristes qui veulent le rayer de la carte, drame en Méditerranée, dérèglement climatique, crise économique... Dans un monde globalisé, tous les pays de tous continents sont touchés. Ainsi, l'inhumanité et l'injustice s'exportent ou s'importent très bien.

Et, dans ces bouleversements, aussi majeurs que terrifiants, certains de nos responsables politiques s'amusent avec ce qui nous protège : la République.

Au lieu de travailler à l'unité nationale, de mettre en œuvre l'indivisibilité républicaine pour bâtir un pays solide capable de répondre aux défis qui s'imposent, ils préfèrent accélérer le chaos pour tirer leur épingle du jeu. Des profiteurs de guerre à bas bruit.

Au début était le verbe

On sait qu'une société est malade lorsque les femmes, les artistes et les juifs sont attaqués. Or, ces premiers symptômes commencent toujours par l'utilisation de certains mots annonciateurs d'un basculement du monde vers l'immonde. Depuis quelques années, le langage est le législateur d'une ombre de la division qui pèse désormais sur notre République. Les insultes les plus inhumaines fusent en toute liberté et sans la moindre inquiétude.

Rescapée, ou plutôt « ResKHANpée », voilà le « jeu de mots » effroyable, pointé contre moi, dont se gargarise, à gorge déployée, l'antisémitisme 2.0. Après le négationnisme et le révisionnisme, c'est le ricanement à propos de la Shoah qui se fait une place de choix au sein de notre pays. Dans la lignée de « Durafour crématoire » d'un Le Pen ou du « Shoananas » de Dieudonné, me qualifier de « rescapée » offre à la lutte contre le dérèglement climatique les odeurs d'un climat délétère. On a beau être prévenu, on a beau travailler depuis des années et des années sur l'antisémitisme, le racisme, les discriminations, on ne peut pas s'habituer à cela. On ne doit pas s'habituer à cela.

Si la République reste debout et indivisible sur le papier, une partie de moi s'est retrouvée isolée, incarcérée dans sa propre chair, circonscrite aux camps de concentration de mon grand-père, à l'enfance cachée de ma mère, en marge de l'humanité. On venait de me dire, en somme, que si je suis en vie, ce n'est que par erreur de l'histoire. Mon existence est une indécence, un reste de vermine passée entre les filets de la solution finale. Une rescapée. Or, je suis ce que je dois à la République.

Cette violence surgie de l'extrême gauche en plein mois d'août n'était pas une polémique. Cette affaire portait la lumière sur un mal profond, laissant présager une nouvelle ère communautariste, qui interdirait intrinsèquement en France d'être noire et juive, ou, pire, d'être une femme libre.

Certes, des personnalités de sensibilités et d'horizons politiques différents se sont dressées contre ce message antisémite, maquillé, une nouvelle fois, en jeu de mots sur un nom de famille, mais cette séquence de violence et de haine n'était que le signe d'un problème plus global. Ce qui est attaqué est bien plus profond et bien plus ancien. Ce qui est attaqué, ce sont nos fondamentaux humanistes, universalistes et républicains. Et des attaques comme celle-ci, il y en a mille autres, avec d'autres noms de famille à rayer de la carte sous le règne d'un silence complice. Ce n'est pas moi qui ai été attaquée, c'est la République, celle qui se tient encore debout, malgré les mots injustes qui la trahissent.

Aujourd'hui, j'ai peur de notre fatigue et de notre résignation. Comme le disait Camus, « si la cruauté révolte, la sottise décourage, et les hommes fatigués de voir la bêtise triompher finiront par se taire, résignés ».

Pourtant, de temps en temps, on tente encore de marcher. Ce n'est pas bête ! Quitte à être encore debout, autant faire des manifs sans forcément trouver de nouveaux slogans. Mais, à l'heure où notre devise s'efface sur la place de la République, nous sommes fatigués. Car d'autres marches bien plus vivaces que les nôtres, parce que plus haineuses, s'avancent à contresens, en sens interdit même, pour aller jusqu'à cracher place de la Nation ou pisser sur la Concorde.

« Au nom du peuple français... »

Si la justice est rendue « au nom du peuple français », nous avons un problème : les Français ne sont plus d'accord sur l'idée qu'ils se font de la République.

Comment et pourquoi la République nous a appris à ne plus la regarder, à ne plus la respecter ? Comment au pays des Lumières et des droits de l'homme, la haine de l'autre est devenue le sport favori de certains de nos représentants ?

Nous vivons ensemble sans nous écouter, sans nous entendre, abreuvés que nous sommes par les réseaux sociaux qui alimentent la radicalisation des discours, la vengeance des minorités instrumentalisées et manipulées, bien souvent, par un chef, par le complotisme, la colonisation américaine et les *fake news*.

La situation est préoccupante. Pourquoi ? Parce que face à ce terrorisme intellectuel, chacun d'entre nous peut, du jour au lendemain, se retrouver être une cible. Nous les sentons, les relents de totalitarisme, de fascisme, de stalinisme qui cherchent à distinguer les races, les croyances, les genres, les espèces, les préférences sexuelles, les citoyens, et qui par certains discours mettent la République en mille morceaux.

Les mots qu'ils intègrent sont les premiers pas vers le racialisme, le racisme, le repli, bref, la perte de ce que nous sommes. Alors, peu à peu, nous ne parlons plus le même langage. Pourquoi ? Parce que nous sommes, désormais, en présence non pas d'*une*, non pas de deux, ça serait trop simpliste, mais de plusieurs France. Des France à la carte que l'on se choisit comme un menu de sushi.

Or, si la République est encore debout c'est, peut-être, parce qu'elle nous fait encore un peu confiance pour prouver que nous ne sommes pas un peuple ethnique, ni un peuple religieux, ni un peuple racial, mais bien un peuple politique qui se retrouve autour de fondamentaux républicains. Il est là, notre pacte, notre contrat.

Un socle commun, condition *sine qua non* pour une République debout.

Mais nos représentants, qui se disent tous avocats de la République, jouent-ils réellement le jeu de sa survie, et partant de la nôtre ? À quoi jouent-ils ? Veulent-ils réellement lui rendre justice ou plutôt la déboulonner ? Dans cette situation, qui fait encore partie du fameux arc républicain ?

Pour le savoir, mon travail est d'inviter à la barre des avocats issus des différentes tendances de l'échiquier politique pour regarder en face la manière dont ils défendent, soi-disant, la République.

Quatre plaidoiries se succèdent. Celle d'une extrême gauche victimaire, faite de mots qui divisent la République ; celle d'une extrême droite qui n'a plus à la bouche que la crise de civilisation, faite de mots qui ciblent la République ; celle des « pas-de-vaguistes », contents d'eux-mêmes, dont les paroles fuient la République. Ces plaidoiries offrent leur lot de termes, signes distinctifs d'une appartenance politique, pour ne pas dire d'une idéologie, qui à force de vouloir cliver ont ouvert la porte aux fractures qui tuent le fondement même de ce que nous sommes, une République indivisible, laïque, démocratique, sociale et encore debout. C'est cette République que défend, enfin, la quatrième plaidoirie, celle des universalistes, en réalité la majorité silencieuse, dont les mots, au contraire des trois précédentes, se dressent pour notre unité, notre démocratie et le rayonnement solide de notre nation.

PREMIÈRE PARTIE

Les mots qui divisent la République

« Les gens de droite ne croient qu'aux conneries qu'on leur a apprises. Les gens de gauche ne croient qu'aux conneries qu'ils ont découvertes. »

Georges WOLINSKI

Ils font entendre leurs voix, les révolutionnaires 2.0, à coups de hashtags sur les réseaux sociaux. Qu'importe notre faction pourvu qu'il y ait la presse, qu'importe le sujet pourvu qu'il y ait le buzz. Dès lors, sous couvert de mobilisation contre le barbecue, la défense des moustiques et la volonté d'assassiner les punaises de lit, l'extrême gauche joue sa partition clientéliste et clivante.

Ils se veulent les Robespierre et les Saint-Just de notre temps, les Malcom X, les Rosa Parks et Malik Oussekine des quartiers, saupoudrés d'un fond de Faurisson, parce que le bouc émissaire juif est toujours bon pour la cohésion de groupe. Oui, le *team building* de l'extrême gauche, il fallait y penser ! Et c'est avec tous ces personnages qu'ils se disent révolutionnaires. Mais révolutionnaires face à qui ? face à quoi ?

Une drôle de défense de la République, qui ethnicise et racialise au lieu de bâtir l'unité. Une République qui n'appartiendrait désormais qu'à ceux qui sont présumés victimes. Ils ont le monopole de la souffrance, de l'antiracisme et c'est à ce titre qu'ils ont le privilège de disqualifier et d'intimider. Grâce à eux, le chaos est à deux pas.

Plaidoirie 1

La parole est à l'avocate d'extrême gauche

Devant le président de la cour et les deux assesseurs, émerge l'avocate d'extrême gauche. Ses cheveux bleus, telles des vagues d'océan gelé, encadrent son visage, créant un contraste saisissant avec la réalité plus complexe que sa vision manichéenne en noir et blanc. Chacune de ses mèches est une rébellion, une déclaration de non-conformité, un cri de ralliement à un monde révolutionnaire anti-Occident peroxydé.

Sous sa robe d'avocate, ses vêtements sont un patchwork de luttes sociales, racontant une histoire de solidarité. Elle est l'archétype du style bohème, de l'anti-establishment incarné, portant fièrement sur sa ceinture un bout de wax, tissu africain dont elle ne connaît pas l'histoire, mais ça fait le job !

Les lunettes rondes sur son visage encadrent un regard éveillé par cette idéologie qui la fait vibrer. Son âge est indéterminé, peut-être 35 ou 45 ans, mais elle fait tout pour s'emparer de l'idée que nous pouvons nous faire de la jeunesse.

Elle a la confiance des championnes militantes de la justice sociale. Son débit est rapide, peut-être trop, mais son articulation dont l'assurance hérite des miracles de l'appareil dentaire qu'elle portait autrefois lui permet de s'exprimer d'une voix décomplexée et passionnée pour les droits des opprimés. Elle incarne la force de l'activisme, une figure qui se bat pour un idéal. Sa radicalité est vitale.

Monsieur le Président, Messieurs,

J'aurais aimé dire « Mesdames et Messieurs », mais malheureusement, avec tout mon respect, et malgré vos robes de magistrat (*petit rire à elle-même*), le *sexisme* persistant m'oblige à me retrouver face à des juges uniquement masculins, ce qui, vous le savez, me met de fait dans une situation inégalitaire. Il faudra rapidement se pencher sur cette question qui m'impose de plaider, en tant que femme, face à ce regard de domination. La justice doit se tenir au côté de tou·te·s ! Je vais cependant et comme d'habitude depuis des siècles passer outre ce symbole d'*invisibilisation*.

Si je me tiens devant vous aujourd'hui, c'est pour vous exposer les raisons pour lesquelles je défends notre République. Et c'est précisément parce que j'y suis attachée que je considère que dans sa forme actuelle, elle mérite notre critique et notre vigilance.

Les générations futures se moquent de notre fonctionnement et pensent à juste titre que nous ne sommes que dans du « bla-bla-bla ». Ils ont raison et nous devons les entendre. Il est grand temps de vous expliquer pourquoi il est essentiel de remettre en question certaines pratiques dont s'est accommodée la République.

La République française, tout en se proclamant égalitaire, laisse subsister des injustices criantes, notamment pour nos quartiers et les enfants de l'immigration. Les disparités socio-économiques persistent, et certaines communautés sont plus durement touchées que d'autres. Les promesses d'égalité sont souvent restées lettre morte pour de nombreuses personnes. C'est scandaleux !

La République prétend protéger nos libertés, mais il est de plus en plus clair que celles-ci sont mises à mal au nom de la sécurité nationale. Les lois de surveillance, les atteintes à la vie privée et la répression des manifestations, voire du droit de grève soulèvent des inquiétudes quant à la protection de nos droits fondamentaux. L'ONU et la Communauté européenne s'inquiètent d'ailleurs régulièrement de ces violations.

La République se targue de laïcité, mais elle peine à trouver un équilibre dans la gestion des différentes expressions religieuses. Les débats sur le voile, les discriminations consacrées dans certaines lois et les tensions autour de la religion musulmane révèlent le caractère raciste de ce principe. L'héritage pétainiste se fait sentir !

Car oui, Monsieur le Président, il faut regarder les choses en face : cette laïcité répressive invisibilise les femmes et les jeunes filles qui veulent porter l'abaya, le hijab et le voile, mais qui ont le droit aussi d'aller à l'école, de faire du sport, de vivre, Monsieur le Président, de vivre, tout simplement. Elles ont le droit aussi à la paix intérieure, le droit de se reposer, le droit à la paresse, le droit de ne plus craindre le regard de défiance que l'extrême droite a imposé dans ce pays. C'est pourquoi, je le dis haut et fort, la peur doit changer de camp.

La République est censée incarner la fraternité, mais les divisions et les tensions au sein de la société française sont de plus en plus palpables. Les discours de haine et de xénophobie de l'*extrême droite* persistent, l'*islamophobie* met en danger la cohésion sociale. C'est scandaleux, Monsieur le Président. Scandaleux !

Il s'agit d'un véritable harcèlement social que subit une partie de la population.

La République française ne doit pas être un idéal poussiéreux, mais plutôt un projet en constante évolution, qui s'efforce réellement d'atteindre les objectifs de l'antiracisme face à l'extrême droite. Nous devons exiger des réformes pour garantir que ces principes ne restent pas des vœux pieux mais deviennent des réalités pour tous les citoyens, sans exception et notamment les racisés. Il est de notre responsabilité de remettre en question, de critiquer et de contribuer à la transformation de la République pour qu'elle soit plus inclusive, égalitaire et bienveillante.

Le peuple a besoin d'une République qui lui ressemble et qui reconnaisse les exactions commises dans son histoire. Pour cela, il faut *déconstruire* les imaginaires coloniaux. Nous ne sommes plus au temps de Colbert et de Napoléon, ces responsables de crimes contre l'humanité. Il y a de la souffrance et il faut la comprendre, encore plus aujourd'hui où l'apartheid en Palestine est réanimé. L'*arrogance*, le mépris de cette domination occidentale, des puissants et des riches arborant leur carte Gold en guise d'impunité ne sont plus tolérables. Le vrai visage de la France doit se lever contre cette violence sociale et raciale. Car le *racisme systémique*, symbolisé on ne peut mieux par les *violences policières*, n'est plus à prouver. C'est pour cela que nous nous tenons debout et le poing levé dans la lutte contre les violences du quotidien que subit une partie de la population.

Alors, Monsieur le Président… on me parle de communautarisme ! On me parle de repli identitaire. Mais ce sont les dominants, cette domination blanche qui trône dans les médias et ce pays, qui ont créé les replis, en excluant toutes les populations qui ne leur ressemblaient pas. Ils ghettoïsent en reportant la faute sur les immigrés. Nous sommes tous des enfants d'immigrés, et la jeunesse, si vous me le permettez, Monsieur le Président, emmerde le Front national.

Nous portons l'âme de Robespierre, nous portons l'esprit de la *Révolution*, face à cette *dictature* des importants aux grands airs, de la presse aux ordres des puissants. Ils ne vont pas dans les quartiers, hors-sol, ils sont traîtres à la République. Vous voulez la paix ? Eh bien, Monsieur le Président, pas de justice, pas de paix. Vous voulez réellement la paix ? Vous ne l'aurez pas non plus avec autant de sexisme. Pour les femmes de toutes origines, plus qu'un plafond de verre, vous avez bâti un plafond d'ovaire. Scandaleux !

En fin de compte, nous devons tous œuvrer pour qu'une République française décoloniale soit à la hauteur de ses idéaux. C'est notre devoir envers les générations futures et envers la justice pour tous les citoyens de notre pays.

Merci Messieurs et Messieurs d'entendre cette parole, cette parole d'un peuple d'opprimés qui enfin se libère et que la justice soit rendue au nom du peuple racisé. Il est grand temps.

Je vous remercie.

Les mots tyrans de la République

« Je me soûle de l'indignation, c'est ainsi que l'on devient écrivain. »

Romain GARY, *Chien blanc.*

Elle fait de notre devise tout ce qui nous divise. Voici l'objectif principal de l'extrême gauche : le chaos. Heurtés d'avoir perdu de trop peu les élections présidentielles de 2017 et de 2022, Jean-Luc Mélenchon et ses commissaires politiques nourrissent par vengeance tout ce qui peut nous fracturer, créer des camps, voire des langages différents, afin que nous ne puissions plus ni nous entendre ni nous comprendre. Après moi, le déluge !

Tocqueville nous avait pourtant prévenus dès 1835, dans l'incontournable *De la démocratie en Amérique* où il souligne qu'à terme, trop de démocratie pourrait entraîner la tyrannie.

Nous y sommes. Triste « Assemblée » nationale, désarticulée, qui supporte tant bien que mal les spectacles indécents de ces représentants de haine.

La méthode alors est d'inverser, avec ferveur, tous les repères, toutes les valeurs et tous les principes qui fondent la République en se faisant passer pour ses dignes héritiers révolutionnaires. En jouant ainsi avec nos fondamentaux, par une logique clientéliste, ils créent inévitablement le buzz sur les réseaux sociaux, donc leur monétisation en fonction de leur nombre de followers.

Ainsi, la loi étant présumée illégale, leur liberté de protester est absolue. Dès lors, le principe le plus précieux que nous ayons, à savoir l'égalité devant la loi, tombe devant un égalitarisme délétère qui efface toute idée de justice par la méritocratie. Enfin, dans cette démarche sectaire et communautariste, il n'y a pas de fraternité sans celle des Frères musulmans. Or, si jamais vous n'acceptez pas cette vision dogmatique, qui inverse tout ce que vous êtes, alors vous êtes un traître. Mais, outre la prison identitaire à laquelle elle nous assigne, l'extrême gauche nous empêche, surtout, de nous défendre. Comment ? En nous faisant taire. Drôle d'idéal démocratique où tous les citoyens ne pourraient plus faire entendre leur voix. Cette tyrannie s'appuie sur trois ressorts bien huilés.

Toute contradiction est, de fait, raciste. Et, en tant que détenteur du monopole de la souffrance, ce verdict est irréfragable. Sur cette base, leurs techniques de disqualification et d'intimidation visent à enfoncer le clou, quitte à vous mettre une cible dans le dos. Mais puisque la politique, c'est frapper toujours avec le même marteau, ils ne se sont pas fatigués, eux, de leur refrain victimaire.

La victimocratie, ou le monopole de l'antiracisme

Où est la gauche ? Celle qui incarnait nos principes républicains – universaliste, humaniste, engagée contre toutes les formes d'injustice, notamment l'antisémitisme, le racisme, et l'homophobie –, où est-elle ?

Eh bien la voici dans un capitalisme qui ne dit pas son nom, après avoir fait son étude de part de marché clientéliste, elle répond au mieux aux idéologies les plus racialistes. On la croyait progressiste, elle se retrouve dans une politique archaïque dont voudrait d'ailleurs sortir l'Afrique : le vote ethnique. L'extrême gauche, forte de l'électorat dit de banlieue racisée, s'offre une légitimité absolue, celle de l'antiracisme. C'est son pré carré et gare à ceux qui oseraient s'aventurer sur ces plates-bandes.

À ce titre, beaucoup d'associations dites « antiracistes », nées dans les années 1980 et financées par les fonds publics, lui offrent leur label. Ils échangent, ainsi, un confort réciproque. Ils creusent alors le terreau racial et religieux de la division nationale.

En étant l'incarnation de la souffrance et de l'antiracisme, la gauche extrême, phare des laissés-pour-compte, peut se permettre d'être incisive à l'égard des dominants, hommes blancs ou juifs. Contente d'elle-même, elle banalise l'antisémitisme pour mieux démontrer les discriminations. Pour elle, il existe désormais un mauvais antisémitisme, celui d'extrême droite, et un bon, celui de la gauche et des non-coupables-quoi-qu'ils-fassent parce que « racisés ».

Nous sommes passés à l'ère de l'antisémitisme de l'antiracisme, une judéophobie déjà expérimentée par Romain Gary qui outre le fait d'avoir remarqué le phénomène du « Noir professionnel » qui vit de sa couleur de peau, précise qu'il « trouve l'idée d'un Noir antisémite très séduisante » parce qu'il est « heureux de constater que les Noirs ont besoin des juifs comme tout le monde ». Au fond, c'est peut-être ça l'égalité, le droit d'accès aux mêmes blagues que celles des Aryens ?

Et puis, après tout, comme on peut le lire sur les réseaux sociaux, « les juifs l'ont bien cherché ». Voilà l'antiracisme 2.0 porté par l'extrême gauche, qui puisqu'il est tout-puissant, recycle les méthodes hitlériennes d'inversion des valeurs, faisant passer la victime pour le bourreau. Mais cette inversion, c'est précisément le coup de canif donné aux Lumières. Ne plus hiérarchiser, ne plus analyser les faits, ne plus discerner. C'est la mort de la raison, donc la mort de l'homme. Le levier principal de ce suicide inconscient, néanmoins collectif, se trouve dans la culpabilisation allégrement alimentée par la victimisation, pire la victimocratie.

La *victimocratie* a l'atout d'offrir à la fois les privilèges d'immunité et de visibilité. En somme, elle fait de vous une personnalité invincible, mais visible par la manipulation des foules. Les leaders de l'extrême gauche se présentent ainsi comme des victimes afin d'obtenir des avantages, une attention et surtout un nombre de followers conséquent, une meute, qui nous empêche de réagir. Dès lors, nous sommes en présence d'un dogme victimiste, dont le régime est la victimocratie, portée assidument par des victimocrates, soutenu par des victimophiles eux-mêmes nourris par certains universitaires victimologues, spécialistes de la victimologie. Les victimocrates, du fait de leur sang rempli de souffrances ancestrales, s'offrent un rang par le privilège de se sentir offensés pour un mot, un trait d'humour, un comédien qui se grime ; offensés qu'une musique autotunée n'ait pas la même valeur que celle de Jean-Sébastien Bach, offensés de voir une personne avec un livre dans la poche, signe de domination culturelle, et offensés, enfin, de l'existence de tous ceux qui ne pensent pas comme eux.

Seuls progressistes, seuls justiciers légitimes contre le racisme et le sexisme, monarques « éveillés » par leurs plaies qu'ils maintiennent béantes, ils peuvent sans complexe traiter Élisabeth Badinter d'inculte et tous les autres humanistes d'appartenir à la fachosphère. Oligarques de la victimisation, ils ont le privilège de couper des têtes, de juger sans tribunaux et, au nom du « bien », d'envoyer à la Bastille toutes personnes mal nées, en particulier « celles qui ne menstruent pas », selon le terme du nouveau lexique du planning familial, c'est-à-dire : les hommes. Ces derniers, coupables de ce qu'ils sont, incarnent le symbole ultime de toute domination. C'est ainsi que tout homme blanc (et pire s'il a plus de 50 ans) est un esclavagiste, un harceleur et un violeur qui s'ignore.

Comme dans les régimes fascistes, les victimocrates considèrent tout désaccord comme une trahison. Comme dans les régimes les plus déshumanisés, la couleur de peau foncée oblige à respecter une posture. Avec un tel discours, totalement débridé (sans mauvais jeu de mots), comment la République peut-elle encore être une et debout ?

Au nom de la vengeance, s'impose la déconstruction généralisée. Il faut tout déconstruire, le patrimoine, les livres, les hommes, les Blancs, les imaginaires jusqu'aux piliers les plus fondamentaux de notre Constitution issue des Lumières. Les petits despotes victimaires surfent sur la mondialisation, dont ils profitent, tout en dénonçant l'impérialisme. Ils écrivent, parfois, leurs lettres de cachet depuis les Amériques pour envoyer untel ou unetelle aux oubliettes de la vie sociale et politique. Tocqueville se délecte !

En cohérence, les victimocrates ont le droit de grâce. Dès lors, le harcèlement de rue, les agressions sexuelles ou l'antisémitisme commis par des « racisés » imposent l'immunité raciale, puisque les actuels bourreaux sont en réalité des victimes ancestrales. En victimocratie, selon le pedigree, l'égalité devant la loi ne veut pas dire égalité des droits mais relativité des devoirs. Et, comme dans les régimes autocratiques, leur rapport au réel est aléatoire afin de bâtir un récit officiel.

C'est ainsi que cinquante ans après la décolonisation, ils militent pour la décolonisation, mais tout en empêchant les indépendances personnelles de s'accomplir. Ils se positionnent contre la domination et les violences étatiques tout en s'imposant leaders terrifiants des réseaux sociaux. Ils prônent l'émancipation, tout en traitant ceux qui ont des résultats de « nègres de maison » au regard de leur peau. Ils s'imposent en défenseurs légitimes de la lutte contre le racisme et le sexisme tout en instaurant un séparatisme entre les « races » et les genres par les réunions en non-mixité. À l'instar de la Stasi, ils promettent d'aller regarder jusque dans notre lit pour scruter tous comportements déplacés décrétés « offensants ». La décadence !

Les victimocrates sont une plaie pour les véritables victimes dont la parole est étouffée par leur bruit et leur buzz. Les victimocrates sont un drame pour notre jeunesse qui devra, pour s'en sortir dans ce contexte, embrasser à l'inverse le goût de l'effort. L'enjeu est immense. En voulant rétablir les privilèges au nom de l'histoire, de la race, du sexe, au nom du racisme systémique, des violences policières, de l'islamophobie, du sexisme et de l'invisibilisation, les victimocrates nous font vaciller en tant que citoyens. Pourquoi ? Parce que les victimocrates sont les ennemis de la République.

Le refrain du racisme systémique

La question identitaire en France est devenue un levier majeur d'instrumentalisation politique. Pourtant, chaque année, 1,2 million de personnes subissent une discrimination ou une atteinte à caractère raciste ou antisémite.

Une discrimination, au sens propre, est une rupture d'égalité qui se caractérise par le traitement différent pour des situations similaires ou un traitement similaire pour des situations différentes. S'ajoutent à cela des propos à caractère raciste ou antisémite qui se déploient de plus en plus communément dans l'espace public.

La discrimination est un délit. La discrimination est un fait. Or, dans cette bataille contre le réel que mène l'extrême gauche, les actes n'ont plus d'importance si bien que la discrimination est devenue une émotion. Vous êtes alors discriminé à partir du moment où vous avez le sentiment de l'être. Pire encore, vous êtes discriminé à partir du moment où vous êtes « racisé » ou appartenez à une minorité (faisant partie de la liste prédéfinie par les dominés). C'est pourquoi en Californie, un nouveau règlement dans les universités consacre le fait que tout professeur qui déclare « ne pas être raciste » est « dans le déni ». Ainsi, soixante et un professeurs ont été sommés d'intégrer une perspective antiraciste dans leur cours.

C'est dans cette logique qu'est né le concept de « racisme systémique ». Pour les décoloniaux de l'extrême gauche, il s'agit d'un type de racisme qui n'est pas seulement le fait de personnes individuelles, mais qui fait partie intégrante de la structure de la société et des institutions. Dès lors, en Occident, toutes politiques, pratiques et autres décisions sont discriminantes « sans le savoir ».

Dans la mesure où l'Occident a pendant des millénaires pratiqué l'esclavage, la ségrégation, la colonisation et autres exactions, l'inégalité raciale est ancrée dans l'ADN de son fonctionnement. Dès lors, l'éducation, le système judiciaire, l'emploi, le logement, la santé, la culture sont vérolés et si nous ne le voyons pas, en tant qu'Occidentaux, c'est bien la preuve que le racisme systémique existe !

Pour les tenants de cette idéologie, lutter contre le racisme systématique implique des réformes législatives profondes et des changements structurels pour garantir une place à tous les individus, non pas par rapport à leur compétence, mais en lien avec leur couleur de peau, leur religion et leurs origines. D'ailleurs, ce changement racialiste de la société serait la moindre des choses au regard de tout ce que l'Occident a à réparer de souffrance et de douleur ancestrale.

À l'inverse de Churchill qui s'imposait à l'étranger de ne jamais critiquer ni attaquer le gouvernement de son pays, mais de se rattraper quand il rentrait, certains de nos concitoyens n'hésitent pas à dénoncer allégrement le « racisme systémique » de la France. Ainsi, dans les journaux étrangers, ils font croire au monde entier que les Noirs, les Arabes ou encore les musulmans sont maltraités en France, non pas parce qu'ils ne respectent pas les lois de la République, mais seulement du fait de leur couleur de peau ou de leur religion. Ironie du sort, ces influenceurs s'expriment notamment à l'envi dans les colonnes du *Washington Post*, un journal nommé d'après une ville, elle-même nommée d'après un homme, Washington qui, pour rappel, est né dans une famille propriétaire de plusieurs plantations où travaillaient des centaines d'esclaves. Lui-même ayant eu des esclaves toute sa vie.

Mais là où le bât blesse, c'est que ce dogme qui véhicule l'idée du racisme systémique de la France imprègne les instances internationales. Les lobbys racialistes et décoloniaux irriguent, par exemple, le Haut-Commissariat aux droits de l'homme de l'ONU ou la Cour européenne des droits de l'homme qui régulièrement interpellent la France sur ces thèmes et par là même fragilisent la crédibilité des décisions.

Au niveau local, certaines associations dites antiracistes, faute de trouver de nouvelles manières de se battre contre toutes les formes d'intolérance, se sont plongées littéralement dans cette facilité malhonnête du racisme systémique. Si la stratégie est heureuse pour justifier leur budget venant essentiellement de fonds publics, concrètement leur démarche racialiste n'a aucun impact pour éradiquer l'intolérance. Il s'agit en réalité d'un « piège identitaire », puisque le vote d'extrême droite n'a fait qu'augmenter depuis quarante ans, sans aucune remise en question du travail de telles associations. Or, les électeurs sont assez cartésiens et n'aiment pas forcément être insultés pour tout. Lutter contre le racisme efficacement, est-ce vraiment dire que *La Marseillaise* est fasciste, que l'homme blanc est l'ennemi, tout cela depuis les États-Unis, berceau de la colonisation et du ségrégationnisme ?

En pointant du doigt l'autre, en culpabilisant, en se victimisant en permanence, dans les médias, cet antiracisme renforce une fracture et empêche de traiter les problèmes réels. Pire, le fléau a touché de plein fouet les intellectuels, les artistes et leur liberté d'expression. Un drame pour l'héritage des Lumières. L'intellectuel est délégitimé. S'il est blanc, il ne pourra pas parler de tout. Ce qui est l'inverse de son travail avec sa matière grise ! Cet essentialisme autant que cette assignation tuent la recherche, le dialogue, le doute, la remise en question et, en sourdine, notre société.

Cette manière qu'ont les entrepreneurs identitaires de remettre la race au centre, « sans autre forme de pensée », divise la société et permet aussi à d'autres langues, de se délier de toute part. « Tu es là parce que tu es noire », voilà ce que l'on entend désormais dans les entreprises. Merci aux identitaires dits antiracistes pour ce cadeau qui colle à la peau. Mais, alors, où est le racisme systémique, lorsque votre couleur de peau appartient à l'extrême gauche ? Où est le racisme systémique, lorsque vous n'êtes plus une femme libre mais meurtrie dans une race ? Étranges antiracistes qui considèrent que tous les musulmans doivent penser la même chose, que les Noirs sont comme un troupeau et que tous ceux qui sont libres feraient le jeu de l'extrême droite. Or, la sortie de l'esclavage, c'est avoir un nom, un prénom ; être libre, c'est justement avoir le droit de ne pas être d'accord avec un autre Noir, avoir sa singularité, son identité propre. On accède à la citoyenneté, à la démocratie lorsque l'on a sa propre conscience et que l'on arrive dans le dialogue à la construction d'un peuple, pas autrement.

Triste gauche et triste héritage des Lumières perdu dans les réunions en non-mixité. Triste antiracisme à géométrie variable perdu au fond d'un dogme qui ne se mobilise pas aux côtés des femmes afghanes ou des Iraniennes, et qui détourne le regard d'Israël, victime pourtant d'une barbarie qui n'a d'égal que celle des rafles, des pogroms et de la Shoah. Car, si la France a connu un racisme systémique, c'était bien sous le régime de Pétain. Si les choses n'étaient pas si graves, n'est-ce pas de l'« appropriation culturelle » que ce racisme systémique ?

Comme beaucoup, j'ai été profondément choquée par les tags antisémites lors des émeutes de banlieue, ainsi que les slogans de haine qui se cachent derrière l'antisionisme pour être profondément antisémites depuis le 7 octobre 2022. L'antiracisme est devenu l'incarnation de la haine des juifs, autant qu'une mode très puissante, portée par des influenceurs de haine à l'instar de Dieudonné et de rappeurs en manque de reconnaissance.

Étonnante haine du juif des « racisés » alors qu'Hitler lui-même écrivait en 1924 dans *Mein Kampf* que « les juifs agissent comme les pires des bacilles et empoisonnent les âmes... ce sont encore les juifs qui ont amené le nègre sur le Rhin, toujours [...], avec le but évident de détruire par l'abâtardissement cette race blanche qu'ils haïssent, et c'est une folie criminelle que de dresser un être qui est par son origine un demi-singe jusqu'à ce qu'on le prenne pour un avocat ». Ce sont les juifs qui pourtant aux États-Unis ont soutenu vivement les Noirs pour l'obtention des droits civiques. Mais la haine des « israélites » est désormais validée par les droits-de-l'hommistes en quête de révolution. Dès lors, pour la présidente d'Harvard, Claudine Gay, qui chaque jour s'offense de micro-agressions raciales, « l'appel au génocide des juifs » n'est pas forcément de l'intimidation ou du harcèlement, pour elle, « ça dépend du contexte »...

Pourquoi ?

Romain Gary semble trouver dans *Chien blanc* des éléments de réponse assez justes : « Cet antisémitisme est dû en partie à la comédie d'arabisme, d'islamisme que se jouent les extrémistes noirs à la recherche d'un ailleurs spirituel. 99,9 % ignorent totalement que les conquérants arabes furent les massacreurs acharnés de leurs ancêtres, des destructeurs de la tradition et de la vraie religion africaines, qui était animiste. Ils ignorent qu'ils convertissaient des nègres à l'islam, par la puissance de l'épée, du même nom, en même temps qu'ils transformaient les moins costauds en eunuques, et vendaient leurs marchandises humaines aux négriers portugais, anglais ou américains… »

L'antiracisme est un alibi qui permet en réalité à l'antisémitisme systémique de se déployer, notamment sur les réseaux sociaux. La Fontaine se retourne dans sa tombe. Puisque désormais, la raison du plus faible étant toujours la meilleure, nous serions tous islamophobes.

La hchouma[1] *suprême : l'islamophobie*

L'islamophobie va plus loin que le « racisme systémique ». D'abord, parce que c'est une honte suprême. Ensuite, parce que sa force vient d'une manipulation sémantique, faisant de toutes tentatives d'argumentations un alibi.

Entrée dans le dictionnaire en 2006, l'« islamophobie » est une « hostilité envers l'islam », ce qui justifierait, en somme, l'attentat de *Charlie Hebdo* pour avoir caricaturé Mahomet. Or, la critique de toutes les religions est permise dans une démocratie comme la nôtre. Par extension, l'« islamophobie » est un terme utilisé pour décrire la peur, la haine, la discrimination ou les

1. « Honte », « honteux » en arabe. Ce mot est désormais entré dans l'argot français. Un comportement que la communauté qualifie de *hchouma* entraîne la désapprobation.

préjugés envers des personnes musulmanes. Elle se manifeste par des stéréotypes négatifs, des attitudes hostiles et des actes de discrimination envers les individus ou les communautés musulmanes. L'islamophobie peut prendre, alors, de nombreuses formes, telles que des commentaires haineux, des actes de violence, des discriminations dans l'emploi, le logement ou des politiques gouvernementales. Par une stratégie savamment huilée au sein des instances internationales, notamment européennes, comme dans les associations sportives, culturelles ou sur les réseaux sociaux, la lutte contre l'islamophobie tente de se hisser tout en haut de la hiérarchie des motifs d'intolérance. Soumis, les gouvernements, les organisations et les individus travaillent à sensibiliser à ce nouveau problème, à combattre les stéréotypes et à promouvoir le dialogue interculturel pour créer des sociétés plus diverses et attentives à la cause musulmane.

Tout cela serait une excellente chose faisant avancer notre humanité si la République ne se retrouvait pas heurtée de plein fouet par certaines pratiques. La création de ce terme suscite une interrogation constante. Pourtant, l'islamophobie s'est parfaitement intégrée aux langages parce que ce mot est très utile pour fragiliser le pays. Ainsi, même si la charia n'est pas au-dessus des lois de la République, les horaires de piscine pour les femmes en burkini, les certificats de virginité, l'abaya et les hijabeuses s'élèvent contre les principes de laïcité, l'égalité entre les femmes et les hommes et d'autres principes fondamentaux. La lutte contre l'islamophobie est un enjeu. Sous couvert de tolérance, d'inclusion et de respect des droits de l'homme, elle paralyse la République.

Nous sommes pris dans un piège, comme un lapin dans les phares, sans arriver aujourd'hui à dire en toute tranquillité que crier « *Allah Akbar* » dans une manifestation à cinq cents mètres du Bataclan est intolérable, ne serait-ce que pour la mémoire des victimes. Qu'on le veuille ou non, c'était le cri des terroristes lors du massacre. Point final.

Or, tout point de vue contraire à la doxa des Frères musulmans est raciste. Pire, dans le conflit qui nous anime entre Israël et le Hamas, groupe terroriste islamiste, il pèse sur tout juif une présomption d'islamophobie. L'épisode de l'interdiction de l'abaya à l'école en est le symbole. Malgré la volonté du peuple de faire de l'Éducation nationale un sanctuaire de connaissance, la laïcité, principe fondamental de notre Constitution, est considérée par certains comme islamophobe. Pour rappel, les femmes afghanes, iraniennes et africaines meurent pour avoir refusé de porter le voile…

Un désarmement perfide dénommé « violences policières »

Autre violence, celle de la police. Le sujet des violences policières est l'un des piliers les plus puissants de la victimisation. En effet, cette « cause » s'est ancrée progressivement dans l'imaginaire occidental par le biais de la réalité américaine qui n'a pas hésité, *soft power* oblige, à en faire le sujet d'un grand nombre de films et de séries.

Ce pays, qui s'est créé par la colonisation sur des fondements ségrégationnistes, n'arrive pas à s'émanciper de ce lourd héritage. Alors il utilise, dans la création artistique, les injustices raciales pour mieux rayonner à travers le monde. Les violences policières, c'est-à-dire l'utilisation excessive ou arbitraire de la force physique par des agents de police notamment contre des Noirs ou des Hispaniques, vont bon train outre-Atlantique. Le cas de George Floyd, dont la vidéo de l'arrestation a tourné sur les réseaux sociaux, reste un trauma pour le monde entier. Cette mort injuste, provoquée par une violence aux relents racistes, est un choc planétaire pris au vol par l'extrême gauche française.

Les violences policières sont une violation des plus graves des droits de l'homme, du droit à la sûreté ainsi que des droits civils et des libertés individuelles. Elles se manifestent de plusieurs façons, notamment par des brutalités physiques, des abus verbaux, des arrestations injustifiées, des tirs non nécessaires et d'autres formes d'abus de pouvoir. Si George Floyd est devenu un symbole de la lutte contre les violences policières incarnée dans le mouvement « Black Lives Matter », ce fléau mortifère est une priorité dans les réformes envisagées aux États-Unis. Mais comment résoudre cette violence institutionnelle lorsque la violence est une culture et que certains États autorisent le port d'armes pour les particuliers ? L'histoire, la philosophie et le fonctionnement des États-Unis sont aux antipodes des nôtres. La preuve, malgré ces violences policières, tout Américain, quelles que soient sa couleur ou son origine, est fier d'appartenir à la police. Souvent, la photo du fils, du frère, du mari ou de la femme, agent de police en uniforme, trône dans le salon des familles américaines.

En France, les mouvements d'extrême gauche, racialistes et décoloniaux, alimentent dans leur réunion en non-mixité la haine de l'uniforme. Paradoxe. Dès lors, tout Noir ou Arabe appartenant aux forces de l'ordre est un traître à la cause, qualifié selon son origine de « Banania » ou d'Arabe de service[1]. L'uniforme place l'agent dans le camp des Blancs, celui du mal, celui de l'État, celui des dominants, ce qui en sous-texte démontre l'idéologie séparatiste à l'œuvre. Il y a donc des racistes partout, chez les policiers, comme chez les antiracistes.

Mais le *soft power* américain qui imbibe nos esprits trouve une utilité significative chez les obsédés de la race afin de servir leurs intérêts et, partant, de déstabiliser l'État. Depuis 2016, Assa Traoré a tenté de mobiliser le plus grand nombre autour de cette cause concernant le décès de son frère Adama. De la tragédie à la stratégie, l'objectif est de poser avec des personnalités ou de s'imposer dans des événements en arborant son T-shirt noir et blanc « Justice pour Adama » afin de faire croire, photo à l'appui, que tout le monde est acquis à sa cause. C'est ainsi qu'en 2018, lors d'une représentation de *Sur la route*, pièce d'Anne Voutey relative à l'affaire Sandra Bland aux États-Unis, Assa Traoré arrivée en retard, était très à l'heure pour monter sur scène à la fin de la représentation, à l'insu de certaines comédiennes pour prendre

1. Taha Bouhafs a été définitivement condamné, début 2024, pour injure raciale, après avoir qualifié la policière Linda Kebbab, d'«Arabe de service ».

des photos[1] et parler de son frère pendant trente minutes. C'est ainsi qu'elle a créé l'amalgame entre la France et les États-Unis.

Son action vivote, jusqu'au jour où, deux ans plus tard, l'affaire George Floyd bouleverse le monde entier et où Adama devient la version française des violences policières. Assa, nouvelle icône de l'antiracisme, fait la une du *Time*, vend ses T-shirts, pose avec celle qu'elle veut voir comme sa mère spirituelle, Angela Davis, et nourrit le mal-être d'une jeunesse affamée de Louboutin. Qu'importent les expertises qui démontrent la maladie cardiaque à laquelle a succombé son frère après son refus d'obtempérer, qu'importe le fait qu'il soit multirécidiviste, au nom d'une cause supérieure, les coupables sont des victimes. Adama est Dreyfus et Assa, le nouveau Zola qui accuse cet État pétri de racisme systémique et de violences policières. À l'affût, elle apparaît dès qu'il y a un mort, notamment aux côtés de la mère de Nahel, dès le lendemain du décès de celui-ci. Conséquence, le policier impliqué est resté en détention pendant des mois avant son jugement et les banlieues se sont embrasées dans une nostalgie non dissimulée des émeutes de Los Angeles. C'était l'objectif : le chaos.

1. Photo dans laquelle je n'apparais pas, ayant été coupée par sa meute. Pour info, une photo ne parle pas !

Mais quelques semaines après ce dernier drame, la justice prononce le non-lieu des trois gendarmes de l'affaire Traoré. Assa se voit alors disqualifiée et par un effet de bascule, l'extrême droite s'en délecte. Cette instrumentalisation nous détourne, en réalité, de la question des bavures policières. Or, l'État de droit exige une formation précise des agents de police, ainsi qu'une transparence. Il devient urgent de retisser les relations entre la police et les citoyens afin de lutter, aussi, contre le fléau qu'est le refus d'obtempérer. Traoré divise alors qu'il s'agit de s'assurer que la police exerce son autorité de manière éthique, respectueuse des droits de l'homme et dans un objectif de paix. Traoré crache sur la police, mais qui était sur place pour maintenir la République debout pendant les attentats ? Au Bataclan, pour Samuel Paty et Dominique Bernard, les policiers sont intervenus de manière exemplaire. Arnaud Beltrame a demandé à être pris en otage à la place d'une civile lors de l'attentat islamiste de Trèbes. Assa Traoré est-elle prête à donner, ne serait-ce qu'une de ses chaussures aux semelles rouges, pour éviter que coule notre sang ?

Pourtant, certains s'égosillent dans les manifestations en criant que « tout le monde déteste la police » ou encore que « la police tue ». Elle est là, l'injustice et la violence. Honte aux élus LFI ou de la Nupes qui déambulent fièrement dans ces mobilisations contre nous, contre eux-mêmes, kamikazes de l'ordre républicain.

Si la police tue, qui appeler alors en cas de sexisme et autres violences faites aux femmes ?

Le sexisme, un opportunisme comme un autre

Le féminisme est devenu une malédiction. Nous avions les Lumières, riches de pensées et d'analyses faisant progresser l'humanité par le raisonnement, nous avons désormais un diktat qui se dit féministe, mais fait passer les femmes et leurs combats pour précieusement ridicules. Pour faire court, nous sommes passés de *Zadig* de Voltaire aux zadistes de Rousseau. Bonjour tristesse.

Pourtant, nos aînées nous offraient un héritage essentiel. Simone de Beauvoir, Marguerite Yourcenar, Simone Veil, Élisabeth Badinter mais aussi Joséphine Baker, Colette, George Sand, en passant par les artistes contemporaines comme Line Renaud, Sheila, Jane Birkin ou Anne Sinclair, ont fait vivre la question de l'égalité des droits et en premier celle de la liberté qu'elles incarnent. Elles ont combattu, chacune à leur manière et par leur signature contre le sexisme, cette discrimination fondée sur les stéréotypes et autres préjugés basés sur le genre ou (avons-nous encore le droit de prononcer ce mot ?) le sexe. Elles avaient raison car le sexisme est infiltré partout. Il se manifeste dans de nombreux comportements du quotidien, des attitudes, des pratiques qui visent à confirmer la domination des hommes. Certes, le sexisme concerne tout le monde, mais bien plus souvent la discrimination et l'oppression des femmes, n'en déplaise à certains Calimero de circonstance, qui perçoivent l'égalité comme une castration.

Le sexisme se retrouve dans tous les domaines de la vie quotidienne : l'éducation, l'emploi, la politique et les médias. L'intensité du sexisme est multiple. Personnellement, rien ne m'agace plus que ce type, au restaurant ou en réunion, que je le connaisse ou non, qui pose sa main sur le dossier de ma chaise, signe inconscient de sa possession. Paternaliste ? Jamais mon père ne ferait cela.

Les efforts pour lutter contre le sexisme et promouvoir l'égalité des sexes, l'équité et le respect des droits des individus doivent être maintenus ardemment. Les lois qui cherchent à combattre le sexisme pour une société plus égalitaire méritent d'être encouragées. Mais aujourd'hui, le sexisme est attaqué par celles-là mêmes qui revendiquent en être les figures de proue. Entre grandiloquence, recherche du buzz, opportunisme, victimisation mal placée, le féminisme et le sexisme sont entachés par un sentiment de honte qui anime toutes celles qui se trouvent confrontées au réel. Entre barbecues interdits, hommes déconstruits, valorisation des sorcières et j'en passe, en France on n'a pas d'idées mais on a le sexisme pour raconter tout et n'importe quoi. Et pas n'importe comment ! Avec un aplomb culpabilisateur qui entache la relation femmes-hommes, ces néoféministes détruisent ce qu'il faudrait préserver, c'est-à-dire cette fraternité entre nous pour obtenir concrètement l'égalité des droits.

Absentes du soutien aux femmes afghanes et aux Iraniennes, encore moins aux Israéliennes victimes du pogrom du 7 octobre 2023 ; silencieuses sur ces viols mais pro-voile, si les néoféministes restent assises face aux exactions du Hamas, c'est parce qu'elles préfèrent effectuer le signe du vagin depuis leur siège en velours bordeaux de l'Assemblée nationale contre le régime des retraites. De toute façon, elles sont contre tous les régimes, n'en déplaise aux stéréotypes machistes ! Dès lors, lorsqu'elles se font attaquer pour ce qu'elles disent ou ce qu'elles font, elles sortent fièrement le carton rouge du sexisme anéantissant intégralement la crédibilité du combat.

La conséquence première de cette mascarade essentialiste, c'est le ricanement de nos messieurs, dans la vie professionnelle comme à la maison.

Déjà heurtés par la parité, ils ont désormais une nouvelle opportunité pour balayer (pour une fois) d'un revers de main notre parole. « Ne fais pas ta Sandrine Rousseau », peut-on s'entendre dire pour la moindre demande et, si vous ne voulez pas manger de viande, c'est un ricanement appuyé auquel vous aurez droit, mettant en sourdine vos désirs culinaires. Pourtant, le sexisme est le commencement des violences faites aux femmes. En France, elles sont plus de 200 000 à en être victimes chaque année. Elles ont tous les âges et je pense chaque jour à cette jeune fille née à Nouméa, dont on m'avait demandé de faire le portrait pour honorer sa mémoire. Elle est morte sous les coups de son « amoureux ». Elle était bonne élève. Elle avait des rêves. Une poupée. Puis l'innommable l'a arrêtée. Elle avait 18 ans.

Le sexisme et les violences brisent des vies, pendant que d'autres s'en servent pour se refaire la cerise. Le « féminisme » d'extrême gauche nous désarme. Il jette un voile intégral sur la République tout en dénonçant l'invisibilisation des opprimés.

Le voyant de l'« invisibilisation »

L'extrême gauche soucieuse de s'inscrire dans ce monde de bruits s'est trouvé un nouveau joker linguistique : « l'invisibilisation ». Ce mot magique, s'il n'a pas pour caractéristique d'être parlant, ou d'ajouter une quelconque complexité à la pensée, a en revanche le pouvoir de consacrer une forme de droit à l'image. Plus que la question du temps de parole équitable des différents partis politiques exigé par l'ARCOM, les représentants de l'extrême gauche dans leur souci d'égalitarisme s'indignent désormais d'une injustice liée à la visibilité. Ils pointent du doigt un processus par lequel certaines personnes ou groupes sont rendus invisibles ou sont ignorés dans la société. Tout cela étant le fruit, bien évidemment, de discrimination, de stéréotypes, de préjugés et autres étiquettes sociales. En somme, ces individus sont effacés, mis au ban de la société. Dès lors, ni leurs expériences ni leurs contributions ne sont reconnues par un système de domination qui impose à tous ce qui a de la valeur et ce qui n'en a pas. Ils sont les fautifs. C'est ainsi que l'invisibilisation donne corps à la lutte intersectionnelle. Cette dernière souligne à quel point différents facteurs (genre, race ou religion) conjugués vous rendent victime d'une société raciste qui ne cherche qu'à vous gommer.

Surprenante manière d'instrumentaliser le langage dans un monde où désormais tout se voit, tout doit être montré, même l'invisibilisation ! Ces militants sont en réalité assoiffés d'événements spectaculaires permanents, de « happenings » de l'invisibilisation. Pour ce dessein, l'ensemble des supports est utilisé. TikTok, Snapchat, Instagram, podcasts et autres médias de l'espace numérique sont le tremplin d'une existence consacrée à la visibilité égocentrique, likes et petits cœurs à l'appui. Dans une posture providentielle avec filtres, les influenceurs prosélites de la race, du genre ou de la religion se montrent à l'envi pour démontrer leur effacement ! Et si l'on veut trouver des solutions, c'est qu'en réalité, on voudrait leur imposer de produire, de créer, on voudrait qu'ils soient experts en quelque chose pour mériter d'être visibles, alors qu'ils ont quand même le droit d'être tout simplement sans rien faire. Dans notre esprit républicain de « boomers », nous focalisons sur l'existence plutôt que sur l'essence. Il est là, le scandale. Nous ne voulons pas voir, selon eux, leur couleur alors même qu'ils sont de fait des victimes.

Si l'invisibilisation peut s'entendre, aujourd'hui, il s'agit en réalité d'un sentiment qui tient la main à la jalousie. C'est le même sentiment qui pousse LFI, déçue de ne pas être arrivée au pouvoir, à nous montrer un piètre spectacle à l'Assemblée nationale. Se sentant invisibles, ses députés se focalisent sur les mises en scène les plus délirantes pour se faire remarquer. T-shirt à l'unisson, tenues incorrectes, gestes déplacés, fiole de punaises de lit brandie, qu'importe si les électeurs qu'ils sont censés représenter sont, pour le coup, invisibilisés voire humiliés par leurs comportements, pourvu qu'ils soient vus.

Mais l'argument de l'invisibilisation prend toute sa saveur concernant le voile, le hijab et l'abaya. En refusant que les femmes jouent voilées au football ou en interdisant la robe traditionnelle à l'école, l'État invisibilise des femmes qui cherchent à se cacher. Ubuesque. Comment comprendre la laïcité qui sépare le domaine privé du domaine public si ce qui est de l'ordre de l'intime doit être rendu visible ? Pourtant, les tenants de l'intersectionnalité et de l'extrême gauche sont bien les premiers à vouloir gommer le travail, le beau, les volontés multiples, les désirs et la liberté. Ils jouissent de saccager, de rayer, de déchirer et dans une immaturité totale de faire du gribouillage sur la République. Leur obsession de la visibilité n'a ainsi d'égal que leur égocentrisme décomplexé qui écrase tout sur son passage.

Jeter de la peinture sur les tableaux, saccager les rues, dissoner à tout prix par les pires atrocités, au nom de l'invisibilisation discriminatoire… Ils sont tout-puissants pour disqualifier.

La « disqualification » en cinq leçons !

Discréditer, dévaloriser, salir, exclure et trouver une jouissance à vous anéantir, voilà le hobby préféré de ce lobby d'extrême gauche.

Si dans un contexte professionnel quelqu'un peut être disqualifié d'un poste en raison d'un manque de qualification ou d'une faute, ou si dans le domaine sportif la disqualification est la conséquence de la violation de certaines règles, ici, c'est l'inverse. C'est le respect et la défense des valeurs de la République qui entraînent l'exclusion du camp du « bien » par le tribunal populaire LFIste.

Dès lors, la République étant raciste et islamophobe, les hijabeuses malgré leur disqualification en règle sont les héroïnes du quotidien.

Au nom du racisme systémique, les décisions officielles sont pétries de préjugés et de discriminations. Par une méthode accusatoire, tous les moyens sont bons pour faire croire que ceux qui ne pensent pas comme eux (la majorité, donc !) sont des traîtres. Ainsi, l'extrême gauche aime à coller des étiquettes sur les personnes qui les dérangent. Étiquettes qui, dans notre contexte terroriste, ont valeur de cibles. Après les propos de Jean-Luc Mélenchon qui qualifiait Ruth Elkrief d'islamophobe, la journaliste a été placée sous protection policière. Dans un ricanement, ils utilisent réseaux sociaux et médias inféodés en ligne, territoires perdus de la République numérique, pour modifier les pages Wikipédia de personnalités[1] afin de les salir et ainsi de programmer leur mort sociale. Dans la Torah, il est dit que l'humiliation publique est un meurtre. Rien de plus vrai aujourd'hui où le flot d'insultes fait que les laïcs, les humanistes, les universalistes, les professeurs d'histoire et de lettres baissent la tête de honte et de peur, lorsqu'ils ne sont pas décapités. La disqualification autorise la meute, dans sa diversité, à vous faire tomber, à vous priver de toute existence.

En nous accusant tour à tour d'être d'extrême droite et complices de l'apartheid par une arrogance intellectuelle et sociale, les méthodes délétères de ce fascisme 2.0. empêchent la France d'être une, la République d'être fière, donc de tenir debout.

---

1. Les personnalités qui défendent l'humanisme, l'universalisme voient leur page Wikipédia modifiée à la suite d'articles malveillants de la presse d'extrême gauche, comme *Arrêt sur images* dont l'intention n'est pas de faire du journalisme mais de mettre à mort socialement. Une interrogation se pose alors sur la déontologie de l'encyclopédie participative en ligne, dont les données sont fausses pour ces personnalités bien vivantes.

La qualification systémique : l'« extrême droite »

Pour les tenants de l'extrême gauche, tout ce qui ne vient pas idéologiquement d'eux est d'extrême droite. Un jeu d'enfant qui ne mérite aucune analyse, aucune lecture et encore moins l'attention que nécessite l'écoute. Les idées sont vite rangées, vite classées, toutes mises au rebut d'un tribunal populaire qui jouit de la haine. Par lettre de cachet, l'extrême gauche décide de votre droit de vie ou de mort sociale, voire physique. Dans ce climat de tension, c'est un « Wanted » qui est mis sur votre tête, justifiant toutes les violences possibles. Voilà de quoi polariser, déchirer, tuer une société démocratique qui ne peut plus débattre puisque tout adversaire est désormais infréquentable.

Cette méthode de disqualification, si elle est bien rodée, est surtout d'une grande utilité pour les tenants du droit à la paresse. D'abord, elle surfe sur le trauma des années 1980 et du 21 avril 2002 où pour la première fois le FN était au second tour de l'élection présidentielle. Elle capitalise alors sur les grandes manifestations de mobilisation de cette époque, la main jaune « Touche pas à mon pote » épinglée à la veste, où nous criions à l'unisson « Nous sommes tous des enfants d'immigrés » et « La jeunesse emmerde le Front national ». Pour créer le chaos, rien de plus efficace que de faire de nos colères des madeleines de Proust. Mais mieux, cette manipulation permet à l'extrême gauche de ne pas avoir d'idées. Le dogme, rien que le dogme, tout le dogme suffit à mobiliser, pas besoin de chercher la construction d'une vision : le diable, c'est l'autre.

Ainsi, tout ce qui relève de l'exigence, de la recherche de la vérité, du questionnement, du doute, mais aussi de la loi, de la réflexion sur la manière de réparer notre humanisme comme l'universalisme, ou la laïcité, tout ce qui permet de nous réunir, de nous écouter, de nous comprendre, de nous rendre vivants comme le font le beau et l'esthétique, est d'extrême droite. À la différence des « créations » plaintives et accusatrices, comme celles à l'égard du Blanc ou du riche qui, elles, ne nécessitent aucun supplément d'âme pour être validés par la doxa. Partant, toutes les calomnies sont légitimement autorisées puisque ce qui est porté représenterait l'incarnation du mal. C'est ainsi qu'Alain Finkielkraut, académicien, philosophe et écrivain d'ouvrages fondamentaux pour notre pensée, qui défend bec et ongles la littérature, la culture contre la déshumanisation qu'est le racialisme, est estampillé d'extrême droite. Ainsi qualifiées, toutes les insultes, en plateau ou dans la rue, sont alors permises contre l'immortel. Ce sont les mêmes insultes qui ont frappé Élisabeth Badinter après son passage relatif à la laïcité sur France Inter. Cette grande dame, dont les travaux sont aussi remarquables qu'implacables, défend la liberté des femmes et l'égalité devant la loi qui ne permet aucun privilège fondé sur la race et la religion. Engagée à gauche depuis toujours, elle devient ici d'extrême droite ! Les individus étant mis dans des cases raciales et religieuses, tous les juifs sont aussi d'extrême droite, non seulement parce que la loi et le questionnement sont leurs fondamentaux, mais aussi parce que Netanyahou l'est ! C'est bien la preuve que toutes les exactions sont justifiables contre Israël et les juifs à travers le monde. Après tout, ils l'ont bien cherché.

Comme les juifs, l'extrême droite serait donc partout. Dès lors, la banalisation de ce terme, qui décrit désormais l'ensemble des mouvements, des partis et des différents courants de pensée du spectre politique, brouille le jeu et dilue les combats pour la démocratie. Pire, le nationalisme prononcé, le conservatisme social, l'opposition à l'immigration, l'ultranationalisme se voient alors gonflés par des troupes qui ne les ont pas choisis. En décrétant à la place des citoyens pour qui ils votent, l'extrême gauche entache non seulement les droits les plus précieux de la personne, comme la liberté de pensée, mais provoque un ras-le-bol généralisé, et par conséquent un raz-de-marée de la droite dure. Or, en décrétant par la violence que nos fondamentaux en droit, en liberté, et en tout ce qui nous protège sont une trahison, qui sont les fascistes ?

Par cette parole violente et populiste, le fossé se creuse entre les France. L'extrême gauche consacre en réalité deux types de citoyens. Ceux de première classe, « racisés », musulmans, des « quartiers » et leurs amis convertis à la repentance décoloniale, intouchables et au-dessus des lois. Tous les autres doivent, désormais, aller à l'arrière du bus, voire en soute si le camp qu'ils ont choisi ne correspond pas à la case qu'impose leur couleur de peau.

Ainsi, c'est sans aucune honte que l'extrême gauche crie, pourtant, à l'apartheid.

Le levier décolonial, ou le chiffon rouge de l'« apartheid »

Il s'agit d'une arrivée en majesté, au chapitre de la disqualification, pour l'apartheid. L'avantage ici est d'ajouter du racialisme dans le jeu politique, pour donner le sentiment d'une résistance contre la forme la plus ignoble de l'injustice. N'acceptant toujours pas d'être nés trop tard et au mauvais endroit, les extrémistes ont trouvé mieux que Rosa Parks et Angela David, trop américaines, moins authentiques que le vainqueur de la lutte contre l'apartheid, Nelson Mandela.

Système de racisme institutionnalisé mis en place entre 1948 et 1994 en Afrique du Sud, l'apartheid, politique de discrimination et de séparation systématique entre les populations noires et blanches, donne corps aux notions de racisme d'État et de violence policière. L'extrême gauche reprend alors allégrement les principales caractéristiques de l'apartheid pour mieux combattre l'homme blanc de plus de 50 ans et l'ensemble de ceux qu'elle considère comme des dominants. Les banlieues vivraient une ségrégation résidentielle. Pour eux, les politiques successives dans la lignée de celle des Afrikaners ont créé des zones de résidences différentes, distinguant les racisés des autres. Pas étonnant, dès lors, qu'il y ait des violences urbaines. Là encore, nous l'avons bien cherché ! D'ailleurs, les « racisés » ayant leurs écoles, leurs hôpitaux, leurs piscines, leurs transports en commun, il est logique que les lois de la République s'adaptent à leur mode de vie.

L'apartheid en cours, c'est cette discrimination légale qui limite la liberté en assignant les jeunes. Cette violence institutionnelle justifie alors tous les détournements de la loi, faisant des racisés les détenteurs de droits sans aucun devoir, les violences policières n'ayant pour seul but de réprimer ce mouvement de résistance. Il est ainsi très utile de s'appuyer sur la notion d'apartheid ou de ghetto, puisqu'elle titille là encore l'émotion. De plus, l'apartheid ayant été largement condamné sur la scène internationale en raison de ses violations flagrantes des droits de l'homme, la ferveur de ces militants n'a ainsi d'égale que la facilité d'une cause déjà gagnée. Se faisant, l'extrême gauche s'offre l'aplomb d'un Mandela devenu président après l'apartheid, alors même qu'elle a perdu les deux dernières présidentielles. Envisage-t-elle d'être Prix Nobel de la paix grâce au déploiement de sa haine ?

L'apartheid permet, enfin, de fédérer les colères, notamment décoloniales, et de dessiner les clans entre dominés et dominants, oppresseurs et oppressés, entre le bien et le mal, entre les France. Il s'agit d'une disqualification dangereuse. Coller ce mot « apartheid » à notre pays ou sur le dos d'Israël, ce n'est pas vouloir la paix, c'est alimenter la haine contre ces États. C'est aussi méconnaître l'histoire de cette lutte spécifique où de nombreux juifs, Helen Susan, Joe Slovo, Ruth First, Annie et Denis Goldberg et tant d'autres se sont battus jusqu'à la détention aux côtés de Mandela face à l'injustice raciste.

Étonnante malhonnêteté intellectuelle de l'extrême gauche qui profite de l'histoire africaine pour parier sur le futur d'un vote ethnique en France. Instrumentalisation ignoble d'un mot par une méthode que l'extrême gauche dénonce pourtant chez les autres, celle de l'appropriation culturelle et de l'arrogance.

L'argument massue de l'arrogance

Ah, l'arrogance ! Cet argument de taille. Lorsque l'on n'a rien à répondre sur le fond, il reste tout de même la forme ! Un mot dans les « tendances » sur X, lors du débat d'entre les deux tours, opposant Marine Le Pen à Emmanuel Macron, accusant le président sortant. En réalité, l'extrême gauche, exclue pour la seconde fois de cette grande finale démocratique, se trouvait dans l'incapacité émotionnelle, ce soir-là, d'exprimer autre chose que de la frustration. Alors pour disqualifier le qualifié, rien de tel que d'utiliser le qualificatif d'« arrogant ». Ce trait de caractère détestable, cet attitude méprisante, ce sentiment de supériorité, cet excès de confiance… sans autre argument justifiera, pourtant, toutes formes d'acharnement.

En sous-texte, l'emploi de l'« arrogance », ce jugement personnel, prouve plusieurs choses. D'abord, que la personne arrogante surestime ses compétences et qu'elle n'a pas sa place là où elle s'exprime. Ensuite, c'est souligner que cette condescendance prouve non seulement un manque d'humilité, mais surtout un sentiment de supériorité des dominants face aux dominés, encore une fois. Avec l'arrogance, l'extrême gauche, héritière du marxisme qui ne perçoit de notre monde complexe que deux pôles, la scission se ravive.

« Quand la bêtise gouverne, l'intelligence est un délit », disait Henry de Montherlant. On pourrait y ajouter que lorsque la jalousie gouverne, l'arrogance constitue un crime. L'extrême gauche envieuse fait passer pour de l'humiliation du peuple tout acte qui symbolise la réussite par la méritocratie. Ainsi, l'arrogance, c'est recevoir un prix pour son travail, une promotion qui ne serait fondée en réalité que sur une prétention déplacée.

À ses yeux, l'arrogance, c'est aussi la culture, l'exigence, le savoir et la volonté de parler de sujets complexes. L'arrogance, c'est ne pas être dans le camp de sa couleur de peau. Dans une logique égalitariste, lorsqu'une tête dépasse, les nouveaux Robespierre exigent de la couper. L'arrogance, c'est, au fond, être libre. Alors pour mieux masquer ce travers totalitaire, l'extrême gauche veut à tout prix convaincre que nous vivons dans une dictature.

Jouer sur l'émotion en criant à la dictature

Rien que ça, la dictature ! Le pire des régimes ! Voilà à quoi l'extrême gauche identifie l'État de droit dans sa désorientation cognitive.

Si nous avons en tête le régime nazi, celui de la Chine ou du Chili, il reste que la dictature répond à des caractéristiques précises où le pouvoir est entre les mains d'un chef, exercé de manière autoritaire par lui seul sans le consentement libre et éclairé du peuple. Ici, les droits et libertés individuelles sont restreints, et toute forme d'opposition politique est réprimée par la violence. Dans ce régime, les élections ne sont pas libres. Elles sont souvent remises en cause, permettant alors au chef d'imposer un mandat à rallonge. Les opposants politiques y sont persécutés et emprisonnés arbitrairement, ce qui entraîne la mise en place d'un parti unique. Les médias y sont contrôlés pour asseoir un dogme et la liberté d'expression est un ennemi qu'il faut absolument combattre.

Enfin, l'économie est sous la maîtrise du chef, pour nourrir l'égalitarisme social et la haine contre toute forme de richesse, sauf la sienne. La dictature est en opposition totale avec tout ce qui fonde la démocratie, la séparation des pouvoirs et l'État de droit protecteur des individus contre l'oppression.

Or, malgré nos fondamentaux protecteurs, l'extrême gauche crie à la « dictature », particulièrement lorsque nous avons à nous sortir de situations critiques ; ainsi, c'est précisément lorsque l'État n'a pas à nous consulter mais à décider que les mélenchonistes nous sortent le coup de la dictature. Comme pour tous les pays du monde, le gouvernement a pris la décision de nous confiner et de limiter nos déplacements pour des raisons sanitaires. Dictature ! Dans un contexte d'alerte attentat, certaines manifestations dangereuses pour l'ordre public sont interdites. Dictature ! Lorsque le gouvernement utilise le 49.3, article pourtant inscrit dans notre loi fondamentale qu'est la Constitution, dictature ! Le fait que Mélenchon ne soit pas élu est bien la preuve que nous sommes dans une dictature ! Ici, la dictature ne se mesure pas au regard des faits mais au regard de la colère que l'extrême gauche se plaît à alimenter. Regardez comme les jeunes des banlieues sont violents, c'est bien la preuve que nous vivons dans une dictature. Pourtant, à l'extrême gauche, Jean-Luc Mélenchon est seul à donner le *la*, et sans être élu. Les gesticulations et les buzz des députés de La France insoumise feraient presque oublier qu'il existe d'autres partis. Ils ne sont pas *Charlie*. La liberté d'expression et la diversité d'opinion sont un danger. Enfin, si le chef et certains de ses proches sont à l'abri du besoin, la haine des riches est un marqueur significatif. Étonnant parallélisme avec les critères de la dictature énoncés plus haut. Ici, Jean de La Fontaine aurait pu nous raconter la fable du Loup qui criait lui-même au loup !

Mais endosser la lutte contre la dictature offre un atout, celui de rendre possibles toutes les formes d'intimidation.

L'intimidation comme climat

Robespierre, Saint-Just, Gengis Khan, voilà les modèles non dissimulés de La France insoumise et de ses influenceurs : des coupeurs de têtes et un « souverain universel » sanguinaire le plus meurtrier de tous les temps. La méthode est simple : créer une ambiance de peur sur un décor de haine. L'intimidation s'exprime à plusieurs niveaux et sous plusieurs formes. Il s'agit de comportements agressifs répétés qui visent à menacer verbalement, physiquement ou socialement via des rumeurs, des diffamations, ou encore aujourd'hui par le cyberharcèlement.

L'intimidation peut avoir des conséquences extrêmement graves sur la santé émotionnelle, pire lorsqu'elle se conjugue avec un climat de tension sur fond de guerre, d'alerte terroriste et d'antisémitisme débridé. Ainsi, l'intimidation des uns faisant le jeu des autres, vos ennemis au travail deviennent *de facto* les idiots utiles d'individus dangereux. L'intimidation, comportement pourtant inacceptable, est si sournoise que peu de choses, en réalité, sont mises en place pour lutter contre. Samuel Paty est l'exemple de cette intimidation qui tourne au drame. Couper des têtes sur les réseaux sociaux, mettre des noms en « tendance » pour les rendre visibles afin qu'ils soient visés, prévoir la destruction de tout ce qui dérange pour asseoir son projet de chaos, c'est bien la méthode de l'extrême gauche sortie de son plein gré de l'arc républicain qu'il harcèle. C'est sur cette ligne qu'elle poursuit sans complexe son jeu délétère entre menace de révolution et promesse de déconstruction.

De la révolution à la terreur

Jean-Luc Mélenchon est « le bruit et la fureur, le tumulte et le fracas ». C'est ainsi que l'extrême gauche est propriétaire de l'idée de révolution, qu'elle a donc le droit de porter haut et fort. Entre promesse et menace, la révolution relève toujours de l'intimidation par la loi du nombre. Tôt ou tard, le peuple va se soulever et renverser notre régime pétri d'injustices. Pour les tenants de l'idéologie mélenchoniste, il faut un changement profond et radical que seule une « révolution citoyenne » pourra permettre. Pour initier ce renversement de régime, il faut mobiliser tous les citoyens, en particulier les plus éloignés de l'intérêt démocratique : les jeunes des banlieues. Dès lors, tout est bon pour mobiliser, comme les nouvelles tendances idéologiques destructrices du pacte républicain. Jean-Luc Mélenchon, ce Robespierre des cités, ce Che des tours et des barres, ce Staline du RER C, crie pour faire oublier en douceur qu'il est un homme blanc de plus de 70 ans. Ben quoi, il est né à Tanger, quand même !

Contre le capitalisme, l'extrême gauche s'inspire pourtant des courants dogmatiques des universités américaines, financées par le grand capital, qui enjoignent aux Blancs de faire profil bas. Fervente défenseuse de l'abaya, elle soutient Médine, Corbyn, Traoré, Benzema. Le décor est soigneusement pensé avec cette photo de Thomas Sankara qui trône sur le bureau de Mathilde Panot, notre Johnny Clegg française. Or, en comprimant les camps, en dessinant les France, les LFIstes ne travaillent pas à une révolution mais bien à une explosion qu'ils veulent ethnique. Dans cette lignée décoloniale, tout ce qui vient de la France est une insolence envers le peuple. Il est alors impératif de limiter le pouvoir présidentiel et pour cela, tous les moyens sont bons pour faire taire l'incarnation du mal : Emmanuel Macron.

Contre les riches et les banques, l'extrême gauche détient aussi les clefs de l'idéal social qui réduirait les inégalités, augmenterait les salaires et améliorerait les conditions de vie des travailleurs, notamment des femmes de ménage, à l'instar de la députée Rachel Keke. Sur la scène internationale, la révolution se fait avec le Sud global. Les révolutionnaires en puissance infiltrent les instances de l'ONU et de l'Europe pour faire condamner leur propre pays pour racisme, islamophobie et violences policières. Et, à la manière de Saint-Just, tous ceux qui ne se rangent pas derrière cette idée de faire tomber leur pays sont des traîtres.

Tout est en réalité cohérent. Une révolution sur le plan scientifique est un mouvement rotatif dont le point de retour coïncide avec le point de départ. Retour de la violence, retour de la race, retour de l'antisémitisme, retour du religieux fondamentaliste fragilisant l'autorité, l'institution, notre civilisation, notre loi commune. Mais qu'importe ! Le chaos est un mal nécessaire. Après Mélenchon, le déluge !

Bienvenue dans un climat de terreur qui empêche la France de prendre des décisions sereines et souveraines. Bienvenue dans le monde de la déconstruction.

La déconstruction comme mantra

Le mantra de la déconstruction est à la mode. Dans les milieux intellectuels et des sciences sociales d'extrême gauche, tout y passe ! Il faut déconstruire le système, les riches, le capitalisme, les pensées, les programmes, les institutions, les lois, la Constitution, l'Occident, les dominants, les représentations, les hommes et surtout les imaginaires. Ainsi, dès qu'une chose devient gênante, elle tombe sous la menace d'un permis de déconstruire. Sans nuance ni discernement, et sans mauvais jeu de mots, il faut tout raser gratis.

La démarche pourrait être acceptable si derrière cette méthode, une vision, un chemin, un projet solide s'envisageait. Or, dans cette logique, l'ambition destructrice s'immisce dans les failles de nos sociétés pour mieux conflictualiser, cliver et tout au bout n'entraîner que la destruction pour la destruction. L'image la plus marquante reste l'attaque des terroristes islamistes du World Trade Center. L'effondrement du double symbole phallique de Manhattan est un trauma de l'histoire contemporaine que les féministes d'extrême gauche n'ont, d'ailleurs, pas encore osé commenter. Ça viendra...

L'image de déconstruction la plus primaire est ce plaisir jouissif des enfants de maternelle qui, après avoir passé un long moment à bâtir leur édifice de Kapla ou de Lego, y donnent un coup de pied fatal. Patatras ! Entre esprit de vengeance, sadisme et orgasme, les leaders de l'extrême gauche, pourtant adultes, se dopent à leurs instincts les plus immatures pour mieux représenter une jeunesse qu'ils rêvent d'incarner. Un paradoxe pour ces élus qui, parce que trop gâtés par la République, ne désirent que son démantèlement. Évidence et efficience pour ces représentants des victimes de droit divin qui n'auraient rien à réparer, puisqu'ils montrent nuit et jour leur souffrance par la violence de leurs déconstructions urbaines.

Irresponsable moralement et juridiquement, l'extrême gauche ne veut pas d'une réparation difficile, laborieuse et longue. Sa soif du clic exige des résultats immédiats. Alors, elle déconstruit la République dans un brouhaha permanent à l'Assemblée nationale et sous les yeux de « vrais » jeunes venus assister à une séance avec leur classe. Elle déconstruit la République en racontant n'importe quoi à propos de la laïcité et de nos trésors fondamentaux. Elle déconstruit la République en refusant de qualifier de terrorisme islamiste les attaques du Hamas du 7 octobre. À force de déconstruire, ses partisans ne sont plus nos adversaires, ils sont désormais nos ennemis. Les ennemis idéologiques du débat, de la complexité, de la confrontation des mots, des notes, de l'humour et des couleurs. Ennemis de l'art et de la culture puisque l'horreur pour eux, ce sont les nuances.

Ce qu'il faut tuer, c'est la vibration, l'essence et le sens de nos vies en dialogue. Ce qu'il faut faire taire, c'est la beauté et tout désir pour transformer le monde en seule confrontation tout en appelant, la bouche en cœur, au cessez-le-feu et à la paix. Perfidie absolue ! Les Caterpillar de la politique ont l'objectif de tout terrasser, jusqu'à nos imaginaires. Même nos hommes, pour nous femmes qui attendions, dans ce contexte de peur, d'avoir une épaule solide à nos côtés. Mais, selon la définition consacrée par l'extrême gauche inspirée de Jacques Derrida, « un homme déconstruit, c'est un homme qui est libre de se fixer ses propres normes et qui refuse le modèle masculin qu'on lui impose ». C'est-à-dire dans le réel : une débandade.

Enfin, appliquée aux questions sociales, politiques et culturelles, la déconstruction permet de remettre en cause l'existant. C'est ainsi que la déconstruction est à la politique ce que la technique de la terre brûlée était à la colonisation. Voilà comment on s'installe tranquillement dans le paysage. Car, au fond, sous les décombres, la déconstruction n'est qu'une revendication égotique. L'inversion des valeurs, dont on parle souvent, n'est en réalité qu'une déconstruction du réel pour mieux asseoir son emprise et sa place. Finalement, déconstruire pour ne parler que de soi ou de son entre-soi, n'est-ce pas ce qui rend l'extrême gauche inséparable d'une certaine droite ?

DEUXIÈME PARTIE

Les mots qui ternissent la République

« En politique comme en amour, on pense toujours que la prochaine fois sera la bonne. »

Philippe Bouvard

Là où le talent de l'extrême gauche excelle, c'est dans sa manière d'offrir un boulevard à ladite « extrême droite ». Et c'est bien la diabolisation volontaire de la gauche qui entraîne l'angélisation de la droite dure. Par un effet de balancier cognitif, par peur, par fatigue, par dégoût de cette trahison des valeurs de la République, les idées d'une droite radicale prospèrent à bas bruit.

Le phénomène n'est pas propre à la France. En 2018, la part de votants pour la droite dure avait augmenté dans presque tous les pays de l'Union européenne. Paradoxalement, ils ont tous en commun de dire que l'Europe est une mauvaise chose. De la même manière, les idées importées des États-Unis et d'autres sphères internationales telles que l'ONU ou le Haut-Commissariat des droits de l'homme, inféodés, désormais, aux idées décoloniales contre l'Occident, offrent un cheval de bataille idoine pour défendre une République nationaliste. Si une coupure en matière d'image et de ton s'est faite entre les anciens et les modernes de cette droite très à droite, les références à Jeanne d'Arc, au patriotisme et autres symboles identitaires restent bien ancrées. Cependant, il faut noter que les rangs de cette dernière sont désormais composés d'une jeune génération dont l'envie d'en découdre n'a ainsi d'égale que la solidité de sa formation politique et juridique. Ils sont malins !

Plaidoirie 2

La parole est à l'avocat de l'extrême droite

Bleu marine est son costume. Une raie sur le côté parfaitement tracée, l'air grave, l'avocat s'avance à la barre. De taille moyenne, 40 ans, pas plus. Le silence se fend sous le claquement de ses talonnettes. Les étoffes de qualité de son costume offrent au regard la preuve tranquille de son statut de tireur d'élite (il aime la chasse). Sa cravate bleu ciel, nouée avec précision, est une épée de soie qui rime avec la froideur de ses yeux clairs. L'intransigeance idéologique symbolisée par ses lunettes dorées lui permet de dévisager le monde d'une suspicion non dissimulée. Il sait que l'histoire ne lui a pas toujours été favorable. Mais, convaincu qu'il a eu raison trop tôt, « son jour de gloire est arrivé ». Terrifiant ou magnétique, il a toutes les cartes en main pour transformer en or ce qu'est, et ce qu'a toujours été, la France.

Monsieur le Président,

Ce que je viens d'entendre nous déshonore tous. J'avais l'impression en écoutant la plaidoirie de ma consœur que nous étions sur les réseaux sociaux ou sur les ondes du service public.

Le Président l'interrompt.

Maître, pourriez-vous vous circonscrire à votre plaidoirie pour la République ?

L'avocat reprend.

Mais, j'y arrive, Monsieur le Président, je voulais juste souligner que les réseaux sociaux ne sont pas un tribunal et l'inverse est vrai également. Il faut rétablir notre République et l'État de droit qui lui est associé, plutôt que les tribunaux populaires numériques. Cette violence en ligne nourrit les chiffres de la délinquance. Comment, pourquoi ? Jusqu'où irons-nous dans cette dérive, ce laxisme ? Beaucoup de questions s'imposent, mais la première de toutes est de savoir en réalité… qu'est-ce qu'un Français ? Dès la naissance, il y a un problème avec les prénoms donnés. Nous le voyons bien ! La France, ce n'est pas Mohammed, Mouloud et Rachid. Et puis en grandissant, lorsque vous allez voir ces jeunes dans les rues, il y a cette manière de parler, in-com-pré-hen-si-ble, cette absence de connaissance et de partage de notre culture et, j'ose le dire, Monsieur le Président, ce sentiment de supériorité de certains enfants d'immigrés qui montre à quel point nous n'avons pas su être fermes. Or, sans fermeté, forcément il y a du désordre.

Qu'est-ce que la République leur demande ? Eh bien de respecter, ce que vous connaissez par cœur, Monsieur le Président, de respecter la loi du pays qui a la bonté de les accueillir. Désormais, non seulement nous sommes submergés de gens qui ne respectent pas la loi, mais pire encore qui se montrent racistes envers les Blancs, envers les Français, envers ceux qui sont envahis. De ce fléau, nous alertons depuis plus de quarante ans, Monsieur le Président.

Alors, vous allez rendre une décision au nom du peuple français, mais de quel peuple parlons-nous, Monsieur le Président ? La République française est notre bastion, c'est cela, la *souveraineté*. Et la souveraineté a forgé la beauté de notre nation depuis des siècles. Alors aujourd'hui, je souhaite vous rappeler pourquoi nous devons protéger cette République et pourquoi nous devons maintenir notre souveraineté nationale.

La souveraineté nationale, c'est la capacité du peuple français à définir son propre destin, le récit fait de son héritage, notamment par des élections libres et démocratiques. Elle nous permet de choisir nos représentants et de décider des lois qui régissent notre pays de manière éclairée. C'est pour cela que notre loi doit être sanctuarisée. En tant que souverainistes, nous devons défendre la primauté de notre Constitution, de nos lois et de nos institutions nationales face à l'Europe et aux instances internationales conquérantes.

La République française est également le rempart de notre identité culturelle et de nos valeurs. Elle incarne notre tradition judéo-chrétienne qui garantit aussi la liberté de culte pour tous, tout en préservant, certes, la neutralité de l'État, mais dont les racines sont chrétiennes ! Elle défend l'égalité des citoyens devant la loi, quels que soient leur origine, leur religion ou leur sexe. C'est cette République qui nous unit en tant que nation, comme saint Thomas d'Aquin pouvait déjà envisager le principe de subsidiarité.

Enfin, si la République française offre une voix forte sur la scène internationale, elle ne doit pas s'embourber dans les organisations internationales. La France doit y défendre nos intérêts nationaux avant tout et participer activement aux discussions mondiales, mais tout en étant lucide sur les intentions des uns et des autres, et sur toutes les formes d'invasions. En tant que souverainistes, nous croyons en une France forte et indépendante, capable de prendre ses propres décisions sans ingérence extérieure.

Monsieur le Président, Messieurs, protéger la République française, c'est préserver notre souveraineté, notre identité et notre place dans le monde. C'est un devoir envers nos ancêtres et nos concitoyens, c'est à nous, aussi, de donner les règles de vie à nos descendances.

À cet égard, je voulais préciser le rôle des parents dans la transmission des valeurs républicaines et du travail des enfants. Il est trop facile d'accueillir en donnant tout sans rien en retour. L'immigration est un sujet en France. Il ne faut pas se voiler la face. Sinon, Monsieur le Président, pourquoi les migrants ne vont-ils pas au Brésil, ou à Acapulco par exemple, là où la croisière s'amuse ? Pourquoi sur notre sol ? Eh bien parce que nous leur donnons tout sans rien exiger, et pire, en étant contents de nous tirer une balle dans le pied. Hassan II le disait déjà lui-même, et Hassan II n'était pas islamophobe, que je sache ! Nous ne pourrons pas intégrer certaines populations qui disent « non » à l'*assimilation*. Alors, aujourd'hui, nous avons le pouvoir de dire « non » à l'*immigration*. Le voile, les fichés S, les trafics de drogue… Les Français sont épuisés de cette *insécurité* et c'est un droit qui revient à l'État que d'assurer leur sécurité.

Nous avons en France des villes coupées en deux. Une partie appartient à la France, l'autre est une enclave étrangère où l'on ne parle pas la même langue, où nous ne pratiquons pas la même religion, où l'idéologie est celle de ne pas aimer la France. Il est là, le *grand remplacement*. Le pire, c'est que ces populations sont vivement soutenues par les islamo-gauchistes, ces idiots utiles du pire.

Monsieur le Président, nous sommes nombreux à voir le danger, et le conflit au Proche-Orient nous le montre encore plus, il est impératif de lutter contre l'islamisme, celui des faits terroristes comme celui des esprits. La France des Mohamed et des Ibrahim n'est plus vivable sans une *assimilation* forte, face à cette *Europe* complaisante faite de *bobos* qui s'enjaillent sur les toits de Paris en mangeant du quinoa. Personne ne voulait voir les dangers du *wokisme* qui a été la première phase de cette colonisation complaisante de nos bourreaux, ce prosélytisme qui imbibe aujourd'hui nos facultés et les jeunes esprits en construction. Oui, Monsieur le Président, le terrorisme intellectuel qui tue notre République est à l'œuvre. Les assaillants sont partout, mais je veux croire encore à la capacité de notre France dans ce qu'elle a de plus pur à se battre. L'heure est grave, Monsieur le Président, et alors c'est avec gravité que je vous remercie. Vive la République, vive la France !

La castration de l'esprit républicain

La pénétration de ce discours dans la société vient de plusieurs facteurs. Les crises sanitaire, économique, sociale, l'insécurité des quartiers, la fragilité d'un monde bousculé par les guerres ont fini par faire tendre l'oreille aux citoyens épuisés. La droite dure prétend être la gardienne de la nation, qu'elle entache en réalité. Certes, la fierté nationale est une nécessité, mais elle ne peut se conjuguer avec la xénophobie, le racisme et la haine. En 2021, il faut le rappeler, la France a procédé à 29 arrestations pour des projets d'attentats terroristes affiliés à l'extrême droite[1]. Aucun discours de stigmatisation ne peut

1. Statista, « Nombre d'arrestations en lien avec des projets d'attaques terroristes affiliées à l'extrême droite par pays dans l'Union Européenne (UE) en 2021» ; https://fr.statista.com/statistiques/1321802/nombre-attaques-extreme-droite-par-pays-union-europeenne/

prétendre embrasser l'esprit républicain incarné par une philosophie de fraternité.

En réalité, la rhétorique aujourd'hui, sous couvert de cordialité, rime avec menace silencieuse. L'extrême droite se présente comme le défenseur de la liberté, mais cette dernière est bien sélective quant à son ouverture à d'autres milieux et surtout aux évolutions du monde. Cherchant à apprivoiser, voire à tout instrumentaliser, elle n'hésite pas à mentir sur son ambition profonde : prendre le pouvoir pour rendre « la France aux Français ! »

Dès lors, elle se pose en protecteur de l'ordre, mais celui-ci n'est qu'un ordre d'exclusion où ses dirigeants prévoient des places de droit et de choix pour certains mais pas pour tous. C'est ainsi que la présomption de culpabilité qui toucherait tous les binationaux remet en cause, en creux, le principe fondamental d'égalité devant la loi. Cette philosophie étroite symbolise toute la tradition idéologique de cette droite dure.

Ainsi, malgré les tourments et la violence de l'extrême gauche, notre cerveau ne doit se laisser aller ni à la vengeance ni à une réflexion binaire. Il est impératif de reconnaître que les mots, les idées de cette droite ne sont pas seulement une danse du ventre, mais un baiser mortel. Les conséquences de ce dogme sont tragiques. Elles insufflent les prémices de l'obscurantisme et du repli sur soi. Elles remettent en cause notre sécurité, la paix et ne nous permettent pas d'être forts face à la violence d'un monde qui semble aller vers le chaos.

La République doit demeurer droite et vigilante face à ces mots. Elle se doit d'être résolue à préserver les principes qui la fondent malgré les méthodes perfides de l'extrême droite qui se résument, ironie de l'histoire, à la « continuité dans le changement ». Car si l'extrême droite garde son socle d'obsessions ancestrales, celles-ci sont savamment enrobées par des luttes nouvelles, manipulatrices parce qu'émotionnelles et sentimentales, qui agissent sur tous comme un aimant. Attention danger.

L'obsession patrimoniale

Ils sont les gardiens du monde d'avant. Les tenants de l'« extrême droite », même s'ils ne se qualifient pas ainsi, tiennent la dragée haute au progressisme de saison. Avec ses leaders, le changement, ce n'est pas maintenant ! Tout ce qui bouge est une menace.

En effet, la vie est un héritage, celui d'une civilisation, peut-être obsolescente, mais devenue intranquille du fait de différentes menaces étrangères. Par exemple, le progressisme des

États-Unis est une hérésie, en tant que fissure d'un ordre sacré, celui de l'âge d'or. En effet, selon la droite dure, notre paradis terrestre réside dans les temps anciens, dans les coutumes ancestrales, dans une histoire de France incontournable pour comprendre les batailles en présence.

Ainsi, ses tenants rejettent tout ce qui peut bouleverser cet héritage où l'autorité était incontestée, où les rôles de chacun dans la société étaient précisément dessinés. Le coq ou Napoléon, symboles de la patrie qu'ils épousent à la vie, à la mort, ne racontent que la fierté nostalgique d'un drapeau tricolore qui attend sa vengeance. Ils exècrent les évolutions d'une société, avec ses droits individuels et collectifs qui ne cherchent qu'à élargir le cercle de l'inclusion et d'une bienveillance sans colonne vertébrale. Les mosaïques, s'ils peuvent les voir en peinture, sont impensables dans la société dont l'identité doit être préservée. Dès lors, les défis, pourtant actuels, ne peuvent trouver de solutions que dans les fondamentaux historiques. C'est ainsi que contre vents et marées les réactionnaires se cramponnent à la souveraineté, à la lutte contre l'immigration, à l'insécurité, pour une assimilation profonde et contre une Europe qui affaiblirait tout ce que nous sommes.

La souveraineté avant tout

C'est la reine mère. Figure de proue d'une certaine vision du monde. Tous les autres sujets ne sont, pour cette droite, que sa déclinaison puisque « l'accessoire suit le principal » ! La souveraineté est au cœur de tous les combats de la droite dure, puisqu'elle est seule, comme le disent les juristes, à faire ce qu'elle peut défaire. Mais cette notion est aussi un marqueur fort de l'attachement au passé. Elle a couronné les nations, en droit interne, et s'est dressée tel un bouclier contre toutes formes d'invasion à l'international. Elle est aussi l'un des piliers du droit des gens, ancêtre du droit international, à l'époque de la Société des Nations, qui consacrait la souveraineté des États comme étant inviolable contre toutes formes d'ingérence et de domination.

La droite dure reste en quête d'une souveraineté fermée. Elle prône une nation hermétique aux influences étrangères, comme si le mauvais temps du monde pouvait s'arrêter aux frontières par un contrôle ferme des nuages sans papiers. Le rempart qu'est la souveraineté permet, selon eux, de se retrouver « chez soi », parce que« entre nous ». Pourtant la République, forte de son esprit des Lumières, de la laïcité, ne peut aujourd'hui se laisser aller à une vision rétrograde de la souveraineté. Elle réside dans le respect des droits de tous les citoyens, quels que soient leur origine, leur religion, leur parcours et leurs envies. Aujourd'hui, dans notre interconnexion, une souveraineté de repli, sans solidarité ni tolérance, ne peut participer aux rayonnements de nos humanités.

Mais pour la droite, ce discours est trop bisounours. La souveraineté fermée, c'est la seule, l'unique solution. Celle-ci implique des politiques restrictives, des contrôles aux frontières précis. Ainsi, l'identité nationale des discours nationalistes dénature le pacte républicain, puisqu'elle tend à effacer les différences, à défier tout étranger, divise notre société au lieu de la rassembler. Les évolutions du monde et les crises auxquelles nous sommes confrontés poussent à adapter la notion de souveraineté à une ouverture pour sortir du chaos. C'est cela, la créolisation, un processus, un tour de force vers l'autre qui n'a rien à voir avec un métissage dilué ! C'est ainsi que Jean-Luc Mélenchon, dans son objectif de vote ethnique, a choisi de dévoyer la noblesse de la « créolisation » pour entrer dans une opposition frontale contre la notion de souveraineté portée par la droite dure. Nous voici pris entre deux feux, ou plutôt entre deux flammes, alors que le contexte convoque la nuance et le discernement.

Guerres, pandémies, terrorisme, crise climatique, crise énergétique, crise migratoire et autres fléaux dans notre monde interdépendant engagent indubitablement les souverainetés vers un dialogue, une compréhension mutuelle mais aussi un partage de responsabilités. La souveraineté fermée ignore les réalités complexes, les interconnexions, les interactions comme les interdépendances du monde actuel. Cette droite dénigre l'atout qu'est l'ouverture, l'échange, en pensant que l'adversité c'est la diversité et que tous les maux viennent d'éléments endogènes issus de l'immigration.

L'immigration comme cause de tous les maux

À l'inverse du cochon, tout est mauvais dans l'immigration. Marotte ancestrale de la droite dure, l'immigration est la cause de tous les maux, qui dilue l'identité nationale et par là même empêche la France de se défendre de l'intérieur. Parce qu'il s'agit d'une menace pour l'ensemble de la société, les hostilités sont vives face aux flux migratoires. Alors que l'extrême gauche porte l'idée de quotas ethniques, pourtant contraires à la Constitution, l'extrême droite se sent ainsi fondée, puisque le camp du bien le fait, à s'appuyer sur les chiffres de l'immigration, ou des issus de l'immigration, sans tenir compte des aspirations individuelles, des parcours, des destins. Pour elle, l'immigration est une plaie d'abord pour l'économie, dans la mesure où les étrangers se retrouvent en concurrence avec les Français sur le marché du travail. C'est, aussi, une menace pour notre système social dont tirent profit ceux-là mêmes qui nuisent à la sécurité nationale, chiffres encore à l'appui pour faire le lien entre immigration, criminalité et terrorisme.

La loi Darmanin relative à l'immigration et les différents psychodrames liés à son adoption fin 2022 n'étaient en réalité que le reflet d'un sujet dont la droite dure se veut dépositaire. Ce qui empêche tout le système démocratique de garder la tête froide sur une question épineuse qu'il a pourtant à résoudre. Selon le ministère de l'Intérieur, la France a délivré 1,7 million de visas contre 733 070 en 2021, soit une hausse de 137,1 %.

Une enquête réalisée fin 2023, s'appuyant sur les données officielles du ministère de l'Intérieur montre que sur l'ensemble de la population française, 8 % sont des personnes étrangères.

Or, les immigrés, c'est la peur, c'est la haine, c'est tout ce qui empêche la sérénité de notre nation, jadis si riche, si belle et si forte. Selon les chiffres officiels, les étrangers sont impliqués dans 19 % des trafics de stupéfiants, 36 % des vols, 17 % des coups et blessures. Face à ce fléau concrétisé par les chiffres et les faits, la droite dure porte depuis des années une même vision politique dont elle peut dire aujourd'hui : « j'avais raison ! » Dès lors, si la limitation de l'immigration est une nécessité, elle se conjugue avec d'autres politiques qui consolident le nationalisme. Ainsi, l'abolition du droit du sol ou le principe de préférence nationale tiennent une place de poids dans les programmes de l'extrême droite. Si, dans les années 1980, ces notions existaient déjà, elles sont aujourd'hui légitimées par la petite musique des quotas de la diversité. La réponse, face à l'américanisation et aux multiculturalismes, porte sur l'intérêt de la France, afin que des postes soient fléchés pour de « vrais Français », en leur accordant une attention particulière pour cause de préservation de la nation. L'insécurité physique mais aussi l'insécurité du maintien de la langue de nos traditions et, partant, la remise en cause des valeurs nationales, du respect des lois et des coutumes nécessitent de dire les choses sans détour.

Parce que la lutte contre l'islamisation est un sujet crucial, la lutte contre l'antisémitisme est devenue, contre toute attente, un outil de protection de la nation. Tristesse de ce monde perdu, sans repères, qui ne nous permet plus d'enjamber les luttes partisanes pour se placer face aux enjeux de l'humanité.

L'extrême droite profite du naufrage de l'extrême gauche pour se « blanchir » de tout. Or, ses discours qui nourrissent la peur stigmatisent tout étranger, toute couleur de peau, oublient que la grande majorité des migrants aspirent à une vie de paix, de sécurité, d'excellence, de beau et d'épouser une histoire forte. L'extrême gauche fronce les sourcils sur les réussites d'enfants d'immigrés, sur leurs talents et la créativité qu'ils offrent, à cause du « métissage racialiste » fantasmé de Mélenchon ; l'extrême droite nie le tissage des liens entre les cultures qui enrichit pourtant le tissu social.

L'immigration a toujours été un élément clef de notre histoire. C'est elle qui sait faire vivre les principes de fraternité, d'égalité et de liberté. C'est elle aussi qui prouve la singularité de la France comme refuge contre l'oppression, ce lieu où l'on peut vivre enfin par l'asile, au lieu de survivre dans la terreur. La France a toujours su tirer sa force de sa capacité à accueillir l'autre. C'est en cela que réside la véritable grandeur de la République.

L'insécurité comme hochet de toutes les peurs

Trafic de drogue, viols, violences avec arme, meurtres, enlèvements, séquestrations, cambriolages, refus d'obtempérer toutes les vingt minutes mais aussi black blocs et attentats, les drames et autres faits divers ou faits de société nourrissent logiquement l'idéologie de la droite dure qui prône l'ordre. Si l'on continue d'être aussi laxiste, de renoncer face à la délinquance et la criminalité, nous aurons une guerre civile. Voilà la prophétie de cette droite qui s'offre une légitimité par la frayeur du réel. La sécurité, ou plutôt l'insécurité, permet depuis toujours de donner une cohérence d'ensemble au projet d'une droite dure. Ainsi, pour elle, la sécurité nationale implique un renforcement de la protection des frontières. Tout doit être mis en place contre les menaces extérieures ou issues de l'extérieur. Ainsi, cette droite n'hésite pas à prévoir un rôle accru des forces armées pour notre société « ensauvagée ».

Elle préférera toujours la répression à la prévention car, pour elle, c'est à l'application stricte de la loi que l'on reconnaît les bons Français. Des sanctions sévères et des peines plus longues doivent alors dissuader à la fois la criminalité, mais aussi la volonté migratoire qui y est liée. Il faut de l'ordre ! Il faut des forces. Il faut des forces de l'ordre ! À front renversé de l'extrême gauche, la police, c'est la vie. Et pour les comportements déviants face à la loi, la tolérance doit toujours s'approcher de zéro. Enfin, face à l'insécurité, qu'elle ne cesse de souligner, et au regard d'un État qui n'est plus à la hauteur, elle comprendrait que certains citoyens puissent vouloir se défendre par eux-mêmes. Ce qui ajoute en réalité de l'insécurité à l'insécurité.

Si la droite dure n'est pas un groupe monolithique, dans sa quête de pouvoir, l'insécurité fédère. Ces différentes composantes n'hésitent pas à utiliser des simplifications pour tisser leurs liens et nourrir la peur dans la société. C'est ainsi que nous avons appris à marcher en nous retournant tous les vingt mètres par crainte d'un islamiste ou d'un ultra-identitaire à chaque coin de rue, que nous ne savons plus s'il faut prendre le métro ou le taxi pour être en sécurité et que nous évitons de raconter notre vie, même au travail. Le risque est partout, et la violence des réseaux sociaux nourrit une paranoïa en réalité augmentée. Dès lors, l'insécurité présentée comme une épidémie fragilise toute réflexion sereine. Ainsi, pour faire taire nos peurs, nous serions prêts à laisser un peu de nos droits individuels et de nos libertés civiles. Piège.

Derrière la câlinothérapie actuelle de cette droite, l'insécurité sert à alimenter la défiance envers un État de droit qu'il faut revoir. Rien ne permet de justifier la délinquance et aucune considération ne peut réhabiliter les prévenus. Or, l'insécurité mérite d'être traitée par des données factuelles. D'autant que des solutions seraient possibles par une coopération plus étroite entre les différents échelons territoriaux et autres institutions. La République doit rester debout avec ses principes d'égalité et de justice au corps pour une société plus sûre, mais aussi plus équitable. L'insécurité ne peut être résolue en sacrifiant nos valeurs fondamentales et humanistes. Et c'est ici que cette droite est paradoxale. En ne tenant pas compte des réalités complexes, en ne regardant pas les causes de la criminalité, telles que les raisons économiques et sociales, la pauvreté, l'éducation, elle se cramponne à une démarche punitive qui ne fait qu'aggraver le cycle de la violence, tout en prônant une assimilation à laquelle elle ne croit pas.

L'assimilation comme idéal

Je me souviens d'une époque où, enfant, c'est la méthode Assimil qui régnait dans la librairie de ma mère. Anglais, allemand, espagnol, même yiddish, Assimil reste pour moi le symbole de l'ouverture et de la compréhension de l'autre par l'effort que l'on fait de vouloir parler sa langue. Je me souviens aussi qu'enfant, au Talmud Torah, le rabbin nous expliqua très tôt la différence entre l'intégration et l'assimilation. Si l'intégration permet d'épouser les lois, les us et coutumes d'un pays, l'assimilation, pour lui, poussait le bouchon trop loin en ayant une volonté d'effacer les origines et autres racines nécessaires à l'émancipation. Dès lors, il nous enjoignit d'être vigilants face à l'assimilation qui, en effaçant notre histoire, ne permettrait pas d'écrire notre propre récit.

Pour la droite dure, l'assimilation permet de préserver l'identité nationale. Ainsi, les étrangers doivent adopter la culture, les valeurs et les coutumes du pays d'accueil mais en effaçant aussi celles de leurs origines. La maîtrise de la langue, condition *sine qua non* de l'accueil, doit être contrôlée par des tests de français pour la délivrance de papiers, car c'est la langue qui permet d'épouser l'état d'esprit français. Pas faux !

L'adhésion aux valeurs nationales doit être totale, ainsi, la démocratie, l'État de droit, l'intégrité des personnes et notamment des femmes, la primauté des règles sont des valeurs et des principes incontournables dans le processus d'assimilation. Or, comme il s'agit d'un processus pour la droite dure, on peut se demander s'il peut aboutir un jour. À l'instar des convertis, les étrangers ne devraient-ils pas montrer patte blanche en étant plus royalistes que le roi ?

Qu'est-ce qu'une assimilation réussie ? Qui en donne le brevet ? Comment faire alors si votre couleur de peau (qui ne changera jamais) n'est pas conforme à la perception que cette droite dure a de l'unité nationale ? Ici, l'effacement de soi dont parlait le rabbin n'est pas loin. Analyse paradoxale, lorsque *La Marseillaise* elle-même envisage « qu'un sang impur abreuve nos sillons[1] », une ode contre ce mythe de la race pure !

En prônant l'idée d'une identité nationale fondée sur l'uniformité d'origine, l'extrême droite se trompe. L'unité n'est pas l'uniformité. L'unité, c'est avoir un socle politique commun. Malheureusement, là encore l'extrême gauche

1. Le sang pur évoquait la noblesse royaliste. Le « sang impur » répandu est donc celui du peuple.

ethnicisée et qui se pense au-dessus des lois lui donne raison. Or, la vision assimilationniste de l'extrême droite met une pression sur les minorités « normales », les obligeant, par un effet de balancier, à renoncer, voire à haïr leur héritage culturel au nom de la conformité. Le mélange n'est pas qu'un enrichissement. Il incarne la philosophie des Lumières, de la route des Indes jusqu'à la mise en œuvre de l'universalisme. Nous avons un patrimoine national fait d'ouverture au monde, dans ses grandes comme dans ses petites choses. L'histoire des cotonnades indiennes d'Oberkampf, si à la mode aujourd'hui à travers la toile de Jouy et ancêtre du wax, en est la preuve vivante.

Mais l'extrême droite reste certaine d'elle-même : l'assimilation est nécessaire pour maintenir l'ordre social. La réalité, c'est qu'elle appauvrit une société dont la richesse est la pluralité. Une société générique, génétique, monolithique n'a aucune plus-value. La force, c'est notre dénominateur commun ; notre noyau dur est une philosophie. La faiblesse, c'est de se gommer, de s'effacer et d'être perdu sans repère ; l'inverse est nécessaire pour se construire un chemin digne de la République.

La République française, avec son principe d'égalité et de fraternité, cherche à concilier l'unité nationale avec les origines du monde.

C'est cela l'universalisme ! Si l'intégration est un objectif important, l'assimilation exclut. C'est ici que les propos de Dieudonné à mon endroit sont d'extrême droite. « Tu resteras une négresse jusqu'à la fin de l'histoire », voilà comment le soi-disant humoriste, condamné à de multiples reprises pour incitation à la haine et à l'antisémitisme, va dans le sens de cette droite dure qui considère que, quelle que soit votre existence, vos origines sont antinomiques avec la France. Propos validés par le président de la cour d'appel Jean-Michel Aubac qui considère qu'étant d'origine africaine, il est tout à fait permis de croire que je n'appartiendrai jamais à la communauté nationale, et qu'ainsi je ferais mieux de parler de l'Afrique plutôt que des juifs ! C'est le même Jean-Michel Aubac, d'ailleurs, qui acte dans un procès impliquant Éric Zemmour qu'il est possible de considérer que Pétain a sauvé des juifs. Oui, je sais, vous avez envie de vomir… moi aussi.

L'assimilation est une impossibilité. Alors que l'intégration est une force qui considère que chaque individu peut contribuer à la société tout en préservant son héritage culturel. L'assimilation est un fantasme impossible. D'abord parce qu'étant d'origine étrangère, la signature persiste, ensuite parce qu'une question se pose. Il s'agit de s'assimiler à quoi ? Une République perdue, une République en perte de repères ? Une République qui n'arrive pas à se mettre d'accord pour défiler tous ensemble contre l'antisémitisme après le 7 octobre 2023 et la montée d'actes ignobles ? S'assimiler à quelles France au juste ?

Pour la droite dure, la France est étrangère au monde et à l'Europe.

L'Europe comme le reste du monde

Pourquoi tant de haine ? L'Europe et ses instances sont, après l'immigration, la bête noire de la droite dure. La question se pose alors : pourquoi et comment, dans un monde mondialisé, cette vision politique contre les instances supranationales peut-elle encore tenir ?

Si la droite dure ou encore l'« extrême droite » est un terme générique qui embrasse plusieurs points de vue, des lignes de force émergent contre l'Europe, notre vieux continent qui est pourtant son berceau. Tout d'abord le nationalisme, avec la place qu'occupent la souveraineté nationale et la préservation de l'identité dans l'idéologie de la droite dure, entraîne une défiance de l'Europe, d'autant plus forte que l'Union s'est élargie à 28 États.

Si l'histoire nous rend proches de nos voisins directs, qu'avons-nous à voir avec la Roumanie ?

semble nous dire cette droite. Et malheur à ceux qui pensent à faire entrer la Turquie. Les représentants de l'extrême droite paraîssent hantés par l'accord de Schengen. Pour eux, ce système qui permet la circulation des personnes au sein des frontières européennes sans contrôle est le cauchemar d'une porte ouverte à une immigration massive, donc un naufrage de notre pays pris d'assaut depuis Lampedusa.

De la même manière, le marché commun qui ne permet pas de protéger notre économie, nos industries nationales et les emplois est un enfer pour les travailleurs français. Dès lors, de nombreux mouvements d'extrême droite sont eurosceptiques en s'opposant frontalement à l'Union. Mais, ironie du sort, s'ils remettent en question l'intégration européenne et prônent la sortie de l'UE (le Brexit en est un exemple concret), ils y siègent. Une place d'eurodéputé, ça ne se refuse pas ! Ainsi, ils sont au Parlement européen ce que LFI est à l'Assemblée nationale : des rageux contre un système dont ils prennent les indemnités.

La construction européenne, dont l'objectif dès la fin de la Seconde Guerre mondiale est de maintenir la paix contre le nazisme, le fascisme, de réparer, de mettre sur pied cette « Europe des nations » chère à Victor Hugo ou Ernest Renan, est, pour l'extrême droite, une menace en ce qu'elle limite l'action de la France. Pour elle, il est ainsi intolérable de se voir condamné par la Cour de justice de l'Union européenne, ou la Cour européenne des droits de l'homme, puisque ce n'est pas à la bureaucratie luxembourgeoise, strasbourgeoise ou bruxelloise, influencée par des lobbies « pas très catholiques », de nous dire, au regard de notre culture et de notre histoire, ce que nous avons à faire ou non. N'est-ce pas l'Europe enfin qui réalise des campagnes perfides, comme celle pour la lutte contre les discriminations en février 2022 qui faisait la promotion du voile, pour mieux contraindre nos jeunes filles, ou qui finance nos ennemis via des subventions d'aide au développement des Palestiniens, puisqu'une enveloppe pluriannuelle de 1,117 milliard d'euros a été prévue, pour la période de 2021 à 2024 – financement dont il est légitime de se demander s'il n'a pas été détourné au regard de l'ampleur des tunnels du Hamas. Eh oui...

Pourtant, la République française, en tant que membre fondateur de l'Union européenne, défend les valeurs d'unité, de coopération et de paix. Les différents chefs d'État ont souligné qu'elle est une opportunité pour enjamber les défis transnationaux qui sont les nôtres, notamment environnementaux, culturels et de sécurité. La République voit aussi l'Europe comme une manière d'incarner la solidarité et la prospérité partagée face à d'autres grandes puissances. Mais, avec la progression de l'extrême droite dans différents pays d'Europe, cette Union, pourtant détestée, permet aux différents partis de cette mouvance, de coopérer et de promouvoir leur idéologie nationaliste. Entre euroscepticisme affiché et volonté de former des alliances politiques à l'échelle européenne, le « en même temps » est en réalité un sport nationaliste partagé.

L'Europe est devenue un tremplin pour l'extrême droite. Elle permet la coopération entre ses homologues d'autres nations. On ne peut faire fi du fait que l'Europe est aussi une aubaine pour être vent debout contre de nouvelles batailles sociétales qui, finalement, modernisent la droite dure.

Les nouveaux entrants

L'extrême droite s'efforce, depuis de nombreuses années, moins de se dédiaboliser que de se moderniser. La stratégie est de rompre avec l'image raciste et antisémite poussiéreuse de Jean-Marie Le Pen. À cette fin, tout est bon pour tuer le père et du même coup tuer Le Pen. Et c'est ainsi que l'extrême droite use de la cancel culture pour faire oublier un patronyme trop pesant. Marion ne s'appelle plus que Maréchal et Marine gomme son nom des affiches de campagne. Drôle de manière de faire la promotion des origines nationales lorsque l'on semble vouloir cacher son nom pourtant inscrit sur sa carte d'identité.

Ironie du sort, pour paraître plus acceptable aux yeux du public, c'est les mêmes cancel culture et autres idéologies « woke » qui ouvrent à l'extrême droite le champ de tous les possibles, une forme d'Eldorado politique. Les propos sont donc moins provocateurs, le positionnement moins ouvertement xénophobe et le discours lissé. Le langage corrobore tout ce qui agace la majorité des Français : les atteintes à la culture, l'entrisme dans les milieux universitaires, dans le sport (voir ces ingérences étrangères), tout en minimisant les aspects les plus radicaux de leur pensée. Cette nouvelle bataille se joue alors sur les réseaux sociaux. L'extrême droite n'est plus seulement archaïque, elle use, comme ses adversaires, des nouvelles technologies pour toucher un public plus large, notamment les jeunes.

La dernière présidentielle a été un révélateur à propos de cette jeunesse, cette génération Z, très en soutien à Éric Zemmour, contrairement à ce monopole fantasmé que pense avoir Jean-Luc

Mélenchon sur « les jeunes ». Par son excès, sa radicalité, sa volonté de ne pas offenser les ennemis de la République, l'extrême gauche est le marchepied de la droite dure pour légitimer une lutte à la page, contre les bobos, les woke, le grand remplacement, et l'islamo-gauchisme.

Allô Maman bobos

C'est le pendant des BCBG (bon chic bon genre) des années 1980, version de gauche. Le terme « bobo », contraction de « bourgeois bohème », s'est vu popularisé par le journaliste David Brooks dans les années 2000. Quinoa et soirée spritz sur les rooftops du XVIIIe arrondissement, les bobos combinent revenus élevés et style de vie alternatif qui leur permet de se sentir vivants. L'extrême droite, composée à la fois d'un socle électoral populaire, parfois éloigné des grandes villes, mais aussi d'une partie « vieille France », dénonce certaines caractéristiques particulièrement irritantes de cette catégorie sociale.

Pour elle, cette population est le fruit d'une élite urbaine totalement éloignée des réalités, des enjeux et des défis de la « vraie vie » d'une majorité de la population. Dans une déconnexion presque aristocratique, les bobos vont, par exemple, se focaliser sur la diminution de la consommation de viande, alors même que toute une partie de nos concitoyens n'arrive pas à faire trois repas par jour.

Anciens d'Erasmus, les bobos, selon certains mouvements de droite, mépriseraient la souveraineté nationale au profit d'une ouverture aux influences étrangères, néfaste pour la préservation d'une culture forte. Mais là où les remarques sont les plus virulentes, c'est parce que leur progressisme ne mange pas de pain. Il s'agit, en somme, d'un progressisme sans gluten, qui porte un engagement pour les plus précaires mais sans jamais mettre en péril leur niveau de vie privilégié. Les bobos, c'est la gauche caviar (d'aubergine) qui, en réalité, ne saura jamais ce qu'est la vie quotidienne des classes populaires. Certes, le terme « bobo » est souvent utilisé de manière simpliste et stigmatisante, mais il est si parlant qu'il offre à la droite dure la possibilité de faire ses propres stand-up et ainsi changer son image. Avec les bobos, la droite s'emploie à une ironie délicieuse empreinte d'un cynisme pas piqué des verts. Elle se délecte de ces personnes en quête d'authenticité, vêtues de pulls en laine bio, de ces épicuriens du « fait maison », si ouverts mais prisonniers de leurs contradictions. La droite dure se moque de ces résistants du café équitable, de ces engagés des toilettes sèches faites de copeaux de bois, de ces rebelles de la rue Mouffetard au métro Oberkampf. À trottinette électrique ou à vélo, leur quête de singularité les mène vers des endroits inédits, aux noms imprononçables, mais où tout le monde se ressemble. Entre sincérité et hypocrisie, entre ouverture et endogamie, ils ont le vintage dans la peau, qui tente de faire oublier l'opportunisme qu'est la gentrification. Qu'importe, derrière les brocantes, ils cherchent le sens authentique de la vie un latte bio à la main, un hashtag dans la tête. Mais là où les bobos blessent, aux yeux de la droite dure, c'est lorsqu'ils deviennent les idiots utiles d'enjeux menaçant la France. Intransigeants sur l'extension des droits des « iels », permissifs sur l'immigration, engagés pour le multiculturalisme et radicaux sur l'écologie, ils sont vus comme les collabos du pire.

« Allô Maman bobo / Maman, comment tu m'as fait j'suis pas beau » : il est là, le talon d'Achille de ces bourgeois bohèmes qui n'auront jamais la puissance des « racisés » dont ils se sentent coupables des douleurs de l'histoire. Entre repentance et génuflexion, ils se gargarisent de faire partie du camp du bien, conscient de la responsabilité de leur arrière-grand-mère dans la colonisation. Éveillés, ils ouvrent la porte en grand au wokisme, cette nouvelle obsession de la droite dure.

Les woke comme révélation

Voici la bête « noire » de l'extrême droite : les woke. Si aux États-Unis le mot désigne, non sans prétention, les « éveillés » aux questions sociales et raciales, en France, sous l'agacement général, le terme est particulièrement négatif. La droite dure les contemple d'un œil inquiet, mêlant l'ironie à l'analyse. Le wokisme n'est pas une opinion, c'est un délire. Les woke, ces champions de la justice, ces gardiens de la pensée correcte intriguent et obsèdent. Pourquoi ? Parce que ces lumières de la conscience sociale portent leurs convictions comme des armures au détriment de toute forme de nuance. En se battant pour l'égalité, la diversité, l'inclusion de manière dogmatique, ils oublient le sens du bien commun. En cherchant à donner une voix aux opprimés, ils font vaciller toute idée de dialogue et de France.

Dès lors, outre les cheveux bleus, la tenue aléatoire et l'écriture inclusive qu'ils arborent ostensiblement, les woke obnubilent l'extrême droite qui se voit tout à coup envahie par une idéologie qu'elle considère comme dangereuse. Pour elle, le wokisme cherche à déconstruire l'histoire de la France, son patrimoine, sa culture et ses emblèmes nationaux. Ainsi, comme ils sont déboulonnés, la droite dure se sent d'autant plus investie d'une mission à protéger tous ceux qui ont fait notre histoire, de Vercingétorix au général de Gaulle, en passant par Jeanne d'Arc et Napoléon. En effet, cette vague, sous couvert de progressisme, use de la censure. La cancel culture et son lot de pillages de statut légitimisent en réalité une pensée souverainiste qui ne supporte plus d'être réduite au silence. Mais son opposition la plus vive à ce dogme américain reste la question identitaire. C'est ainsi que le wokisme, par son sectarisme, fait reculer la lutte contre les inégalités notamment raciales. En effet, à force de radicalité, le wokisme insuffle l'idée que toutes les politiques seraient désormais discriminatoires envers les groupes majoritaires et, partant, menaceraient l'identité nationale.

Connectés aux réseaux sociaux plus qu'au réel, les woke intimident. Ils ont trouvé un terrain de jeu numérique d'où ils lancent des offensives contre le monde d'avant, fait de « boomers » racistes. Or, cette manière excessive de pointer toute potentielle offense pour révolutionner le monde ne laisse de place ni à la tolérance ni à l'interprétation. Très loin des Lumières, ils se rapprochent de l'Ancien Régime, ils sont pétris de contradictions. Par leurs privilèges victimocratiques, ils coupent des têtes à coups de hashtags bien mal intentionnés.

« Woke ». On peut cependant s'étonner que l'extrême droite se plaise à utiliser ce terme. Car, en réalité, il ne convient pas à définir les méthodes destructrices de nos fondamentaux. Le mot n'est pas adapté au mal qu'il nous fait. Voilà tout. Nous sommes face à une idéologie qui déchire nos sociétés, qui tue notre histoire, le discernement, l'État de droit, le droit à la défense, la présomption d'innocence, notre devise républicaine, la laïcité, l'humanisme et les fondements de notre démocratie. Ce qui est en jeu, c'est le droit d'un peuple à disposer de lui-même, responsable de ce qu'il prononce et de ce qui « l'engage ». Mais « woke » ne veut rien dire. « Woke » n'est pas parlant. Par ailleurs, utiliser un mot anglais tout en disant combattre la colonisation américaine et défendre la langue française est déjà un signe de défaite. Étonnant d'importer une langue étrangère dans son jus, tout en ayant peur du « grand remplacement » !

Le grand remplacement comme doctrine

Sujet de toutes les crispations, le « grand remplacement » est à l'extrême droite ce que la petite robe noire est à Coco Chanel :

un concept signature. Pourtant, cette droite dure médiatique a bien « grand remplacé » ses anciens. Cette théorie aux relents xénophobes, racistes et nourrissant les divisions sociales, popularisée par l'écrivain français Renaud Camus, est particulièrement controversée. Elle souligne qu'il existe un processus en cours de remplacement de la population française par des immigrés, en particulier de confession musulmane.

Depuis la dernière campagne présidentielle, Éric Zemmour a porté ce concept autour duquel s'articule tout un programme envisageant une guerre de civilisation. C'est d'abord une préoccupation démographique. L'extrême droite met en lumière des taux de natalité élevés chez les étrangers, en particulier musulmans, qui conduiraient à terme à changer le visage de la France. Chronique d'une mort annoncée. Dès lors, la culture, les valeurs, les traditions, les coutumes, le respect du patrimoine ne pourront survivre à cette submersion de l'identité nationale. Ainsi, le « grand remplacement » justifie une opposition ferme et entière à l'immigration, un contrôle aux frontières intransigeant et la fin de Schengen. Partant, il légitime, par la peur de la disparition de « l'espèce », une préservation ethnique de la société. Il se bat aussi contre la créolisation, sans être précis sur ce que recouvre en réalité ce terme.

Dans la grande tradition de l'extrême droite, la force de ce concept n'a d'égale que l'inquiétude qu'il impulse. Le ton alarmiste et nostalgique souligne une menace extérieure qui vise à la conquête de l'Occident. Le « grand remplacement » est une prédiction, une prophétie qui se réalisera si la France ne se défend pas. Il acte une situation de guerre à bas bruit, entre conquête et « reconquête ». Or, n'est-il pas logique, dans un monde mondialisé, que les sociétés mutent tous azimuts ? L'immigration participe aux évolutions logiques d'un pays appartenant au monde. D'ailleurs, de nombreux représentants de la droite dure sont eux-mêmes issus de ces mouvements migratoires.

La mondialité ou l'universalité ne sont pas des opinions, ce sont des réalités. Or, avec le « grand remplacement », cette droite charrie le combat d'une survie et empêche tout dialogue et toute nuance en lien avec ce réel. Intégrer une telle notion, c'est en réalité céder à la peur de la transformation. Si les préoccupations sont légitimes, il est important de trouver des solutions ancrées dans notre héritage humaniste et non de se laisser aller au rejet et au repli. La recherche de solutions, si elle doit être ferme, ne peut faire l'erreur de la terreur d'une inhumanité hors-sol aux antipodes de notre héritage des Lumières.

La théorie du « grand remplacement » est largement critiquée pour son manque de base factuelle, et de nombreux experts en démographie, comme Hervé Le Bras, la rejettent. En se focalisant sur les musulmans, elle se conjugue avec une lutte monomaniaque contre l'islamo-gauchisme.

L'islamo-gauchisme comme fixation

Face à la montée d'un islam radical, dont l'entrisme se ressent jusque dans les documents de communication de certaines municipalités, d'université ou même au sein de l'Union européenne en matière de culture, de sport ou de santé, beaucoup de pays décrivent une alliance entre les leaders de gauche qui, au nom de la lutte contre l'islamophobie, se rendent compatibles avec les courants idéologiques orchestrés par les Frères musulmans dans leur haine contre l'Occident. Le phénomène est assez singulier, car plus le concept est contesté, plus la gauche le rend tangible. Les pogroms du 7 octobre en Israël et leurs répercussions en France, avec une extrême gauche qui justifie les massacres des terroristes islamistes en les qualifiant de « résistants », ont consacré la véracité de l'islamo-gauchisme. Tout se passe comme si l'extrême gauche, dans un calcul pathétique, aimait donner raison à l'extrême droite pour mieux nourrir l'obsession de sa détestation.

Si au départ, seule la droite dure était critique face à l'islamo-gauchisme, aujourd'hui force est de constater que beaucoup de partis se reconnaissent dans une critique du multiculturalisme, qui au lieu de bâtir une société autour d'un socle mêlant culture et loi, trahit le contrat social républicain en ne convoquant pas les immigrés à l'assimilation des valeurs françaises. Aussi, l'islamo-gauchisme, c'est la compatibilité avec un communautarisme intouchable qui joue sur le « pas d'amalgame » entre islam et islamisme pour mieux anesthésier ses détracteurs. Aujourd'hui, l'islamo-gauchisme est la revendication à un antisionisme verni d'un antisémitisme de moins en moins masqué. La haine d'Israël devient alors le tremplin pour un discours complice des positions du Hamas, du Hezbollah ou encore de Daesh, sous couvert d'une lutte pour les opprimés palestiniens, contre la colonisation et l'apartheid d'un peuple de dominants, les juifs. C'est le monde à l'envers qui nous tombe sur la tête, lorsque *Rivarol*, journal reconnu d'extrême droite, considère dans sa une du 30 août 2023 qu'il y a une « cabale contre Médine » et dans celle du 25 octobre 2023 que « Jean-Luc Mélenchon est diabolisé comme l'était hier Jean-Marie Le Pen ». Ici, les ennemis de mes ennemis sont mes ennemis.

Quand on connaît un peu l'histoire de l'islamisation de l'Afrique, avant et après la colonisation européenne, quand on connaît celle de la traite négrière dont l'esclavage arabo-musulman a été le plus violent, avec viol des femmes et émasculation des hommes, quand on connaît aussi le présent et le racisme ordinaire des communautés arabo-musulmanes à l'égard des Noirs, et quand on regarde ce qui se passe en Lybie, en Mauritanie, et même en Tunisie, on se demande comment les islamo-gauchistes peuvent crier tête haute à l'injustice.

Avec la notion d'islamo-gauchisme, le récit politique se polarise. Les inquiétudes se propagent dans une vision parfois erronée des choses et empêchent peut-être la rationalité de l'action par trop de détestation. L'islamo-gauchisme devient alors une étiquette que la droite dure colle trop facilement pour semer la peur de la destruction des valeurs occidentales traditionnelles et en tirer profit électoralement. L'islamo-gauchisme, pour cette droite, est un fourre-tout souvent utilisé de manière réductrice pour diaboliser parfois ceux qui, à juste titre, défendent les droits de l'homme. Face à la haine de l'Occident de certains, la philosophie et l'esprit des Lumières se noient dans le même sac que d'autres nettement moins humanistes.

L'absence de nuances qui ignore la diversité des opinions et des expériences au sein de la communauté musulmane n'aide pas nos concitoyens, déjà terrorisés par la radicalisation. L'éducation, les connaissances, le dialogue, la prise en compte de la complexité des enjeux permettraient de dépassionner le débat pour mieux lutter contre certains préjugés alimentés par la gauche. Or, cette dernière n'a ni le monopole de l'islam et des musulmans ni celui de certaines couleurs de peau. L'islamo-gauchisme est un piège de l'extrême gauche dans lequel tombe l'extrême droite. À ce clientélisme cynique et immoral, à ce pari sur un vote ethnique et religieux, l'extrême droite répond par l'émotion en se laissant aller à de tristes marottes anciennes dont elle voulait pourtant se détacher.

Pour résumer les extrêmes au regard de mon expérience personnelle :

Pour l'extrême gauche, qui ne veut pas m'entendre, je serais raciste et islamophobe.

Pour l'extrême droite, qui ne regarde que ma couleur, je serais woke et gauchiste.

Pour les deux et d'un commun accord, je serais une « Banania ».

Comme le souligne avec brio Étienne Gernelle, « l'antisémitisme et le racisme de l'extrême droite et de l'extrême gauche ne se divisent pas, ils s'additionnent[1] ».

Pourtant, le populisme infuse en prétendant représenter les opinions ordinaires, en alimentant les colères, en appuyant sur les névroses pour initier le chaos.

Ici, les réseaux sociaux sont un générateur de haine. Celle qui jouit de l'outrage ; celle qui plante aujourd'hui les graines du séparatisme, de la division, de la ségrégation, de l'idéologie de la race pure d'extrême droite ou d'extrême gauche ; celle qui mène à la guerre contre nos Lumières.

C'est alors une insolence d'être une citoyenne française, une Européenne convaincue, une femme libre, convoquée par une République qui se doit d'être debout. Dans cet espace perdu de la République numérique, je vis l'infériorité d'être noire, l'inhumanité d'être une vermine juive, la violence d'être musulmane face à l'islamisme, la fragilité postcoloniale d'être blanche. J'ai dans mon sang l'offense, pour les extrêmes,

---

1. Étienne Gernelle, « La gauche Médine et la politique quantique », *Le Point*, 7 septembre 2023.

d'être tout cela à la fois, d'appartenir à toutes les France qu'ils mettent en confrontation.

Concrètement, l'extrême droite et l'extrême gauche se tiennent la main. Infréquentables, nauséabondes, radioactives l'une pour l'autre, mais c'est la réciprocité de leur colère qui leur permet de ne pas mourir.

Plus l'affrontement est de taille, plus les extrêmes sont vivants. Entre un communautarisme sous couvert d'égalité, un nationalisme sous couvert de sécurité, dans l'exploitation des peurs des citoyens, elles utilisent un langage grandiloquent pour souligner l'urgence de la révolution d'un côté, celle de la restauration de l'autre.

Dans les convulsions du monde, ces discours séducteurs masquent les mêmes méthodes : diabolisation de l'ennemi juré et manipulation des émotions.

Et si personne n'a le monopole du cœur, les extrêmes cherchent le monopole de la haine par la division, l'exclusion, la fracture. Dans la simplification de tout, ils nuisent à la raison, au discernement, à la nuance, au fond, à tout ce que nous demandons aux jeunes générations d'apprendre pour devenir des citoyens éclairés.

Car les extrêmes s'arrangent avec les faits pour en tirer des avantages idéologiques. C'est ainsi qu'ils mènent une guerre contre le réel alors que la situation dans laquelle nous sommes ne permet aucun relativisme. Pire, entre les cris et le buzz, ils incarnent toutes nos fatigues et notre rejet de la politique.

L'extrémisme gangrène nos sociétés en perte de repères. La réponse mériterait d'être forte. Or, les intérêts personnels, le confort des postes et des places laissent émerger un dangereux « pas de vague ».

TROISIÈME PARTIE

Les mots qui fuient la République

> « Le langage en politique est destiné à rendre vraisemblables les mensonges, respectables les meurtres, et à donner l'apparence de la solidité à ce qui n'est que vent. »
>
> George ORWELL

Silence. Plus rien ni personne ne bouge. Au royaume du « pas de vague », ceux qui détournent le regard sont rois. Pour beaucoup de technocrates, bureaucrates, énarques, ménager la chèvre et le chou est un art dont ils sont les orfèvres. Un manque de courage ? Évidemment. Qu'ils masquent par la connaissance des dossiers, des chiffres et des statistiques. À ce titre, de manière bien réfléchie et pesée, ils considèrent qu'ils n'ont pas à s'aventurer hors des sentiers battus, vers des prises de risque qui finiraient par leur faire perdre leur poste. Leur objectif est moins de faire avancer les choses que d'assurer la sécurité du *statu quo*, condition *sine qua non* à leur existence grise assise dans les salons feutrés.

Face à la montée des extrêmes, aux crises internationales majeures, aux attentats de Toulouse, de *Charlie Hebdo*, de l'Hyper Cacher, de Nice, contre Samuel Paty et Dominique Bernard, ils nous proposent des roses et du chocolat, des bougies et des nounours – après tout, la câlinothérapie est un dispositif comme un autre. La forme, c'est le conforme et le conforme, c'est le confort !

Alors que pour vaincre les ennemis de la République, il faudrait « de l'audace, de l'audace et encore de l'audace », ils intriguent dans les couloirs, chuchotent dans leur for intérieur, pour ne rien dire à la tribune. Et ça passe. Ils sont là, et fiers de ce qu'ils sont.

Ils ne mettent pas le feu aux poudres, ils font bien pire : ils enfument, tout en noyant le poisson. Pourquoi ? Parce que ne pas prendre de risques, c'est ne pas prendre de coups. Dès lors, ils donnent l'illusion de porter le travail, la justice et la justesse, quand en réalité, ils ne produisent rien, n'incarnent rien, si ce n'est d'être les peureux de la République qui ouvrent la porte, la main tremblante, à tous les dangers.

Or, paradoxalement égocentrés et avides de pouvoir, ils veulent marquer l'histoire. Mais comment écrire le grand roman national sans se mouiller ? Comment marquer l'histoire en voulant plaire à tout le monde ? Telle est la question.

Et nous dans tout cela, nous attendons le fameux « sursaut », nous attendons qu'ils trouvent la force de l'éveil et du courage. Mais c'est là que nous nous trompons. Ils ne changeront jamais puisque depuis plusieurs décennies, le « pas de vague » est l'état d'esprit de l'esprit d'État.

Plaidoirie 3

La parole est à l'avocat installé

À l'appel du président de la cour, le technocrate se dresse. Silhouette vêtue d'un costume couleur pigeon cendré, sa chemise blanche est un écran de lumière qui tente d'éclipser l'austérité palpable. Ses cheveux dessinent dans un flou une raie autour de laquelle des mèches forment les vagues qu'il ne fera pas.

Il ne porte pas encore de lunettes. Il est bien trop jeune pour cela. La vision de sa carrière est précise. Même si sa taille modeste lui impose depuis toujours de se tenir bien droit, pour grappiller quelques centimètres et un peu de hauteur de vue. Les statistiques, les chiffres, les réglementations qu'il porte dans son dossier en carton sont son armure. Il incarne avec force l'essence même de l'inefficacité bureaucratique. Un loup contemplatif de lui-même derrière cette façade d'acier. L'esprit est affûté, le cerveau calcule, planifie pour que la mer reste calme.

Il est le gardien de l'ordre, l'architecte des politiques publiques, le penseur des acronymes, le déchiffreur des lois. Il en a fait, des coups, dans l'ombre des cabinets. Sans jamais se mouiller, il sacre certains, en destitue d'autres, lance et sabote les carrières. C'est un énarque. Il en rit. Il est l'âme d'un système. Il est de tous les conseils d'administration. Il a l'oreille des puissants. Planqué, il manœuvre en sourdine. Entre chien et loup, rien ne peut lui arriver. Son costume sur mesure est taillé pour l'univers impitoyable des coulisses du pouvoir.

Monsieur le Président, Messieurs,

En vos grades et qualités, la situation n'est pas facile, car de ce que nous avons entendu, il y a d'un côté une évolution logique du monde et de l'autre une logique empreinte de l'histoire et de nos valeurs fondamentales.

D'abord, je voudrais dire à ma consœur que je l'entends. Face aux exactions, notamment en Afrique, nous sommes coupables et nous devrions, tous, demander pardon. Mais je sais aussi que nous devons faire preuve de résilience pour aller de l'avant. Je voudrais aussi demander à mon confrère de faire preuve d'empathie et de bienveillance. Si, face à la radicalisation, l'inclusion est nécessaire, la diversité l'est aussi. Nous sommes dans une *séquence* douloureuse qui nous frappe de plein fouet. Bien évidemment, je dirai un mot en faveur de la République. Et parce qu'elle est importante, nous sommes plus que jamais *à la tâche*.

Cela a été dit, mais la République française est en somme un *narratif*, une histoire, un récit qui fait, je le pense, je le crois, des choses pour nos concitoyens. Elle parle d'égalité, de liberté, et de fraternité.

Alors, évidemment, nous ne pouvons pas ne pas voir les inégalités, les questions de libertés individuelles. Mais est-ce vraiment à moi de dire s'il y a un gros problème ? Non ! Et si jamais c'était le cas, nous pouvons surmonter ce problème, grâce au vivre-ensemble.

La République essaie de maintenir la paix, c'était, je le crois, l'ambition de nos aînés. Pour cela, elle a des lois pour empêcher la dégénérescence. La paix, c'est le bien, c'est le bon, c'est le juste. Mais elle ne se décrète pas, elle doit s'inscrire dans une démarche, *un plan d'action*. Évidemment que la République pourrait peut-être s'améliorer un peu, mais cela ne peut pas se faire sans l'action de tous, sans nous, sans vous, sans eux. Comme je vous l'ai dit au début, nous sommes à la tâche.

Permettez-moi de vous présenter une plaidoirie sur le concept de la République en utilisant une approche complète parce que complexe. La République se caractérise par une dualité intrinsèque qui est à la fois déconcertante et fascinante.

D'un côté, la République est un idéal d'égalité, de justice et de démocratie. Elle est un sanctuaire où la voix de chaque citoyen peut être entendue, où les droits sont protégés et où l'État de droit est sacré. La République incarne un environnement où les individus sont égaux en droits et en opportunités. C'est un socle sur lequel reposent la stabilité et la cohésion de notre société.

En même temps, et nous le voyons, il est indéniable que la République est confrontée à des défis. Les jeux politiques, les divergences d'opinions peuvent parfois sembler miner le tissu de notre démocratie. Les compromis nécessaires pour maintenir l'unité peuvent parfois paraître ambigus, voire contradictoires. Mais les *chiffres* sont là, nous sommes 68 millions et nous serons bien plus dans quelques années. Il est alors crucial de reconnaître que notre dualité fait partie intégrante de la République. La complexité de la gouvernance républicaine réside dans sa capacité à gérer ces tensions. Mais c'est dans l'équilibre délicat entre les valeurs et les pragmatismes que la République trouve sa force. Et c'est avec un *process* qui prend en compte l'ensemble des Français que nous voulons travailler. C'est pourquoi, dans dix jours, nous commencerons une grande phase de *concertation* nationale dans chaque commune de France.

La République est un système politique qui incarne des idéaux tout à fait nobles tout en naviguant dans le monde réel des compromis et des désaccords. Elle est le reflet de la nature humaine complexe, tout en aspirant à un idéal transcendantal. C'est cette dualité qui, finalement, rend la République si essentielle et si adaptable. Je vous encourage à peser ces considérations dans votre réflexion sur une République faite de souplesse, c'est ainsi qu'elle a un rôle dans notre société.

Nous nous trouvons à un moment crucial de notre histoire, un moment où notre nation est confrontée à des défis majeurs, mais aussi à d'innombrables opportunités. Il est temps de nous mettre résolument au travail pour façonner notre avenir et réaliser notre vision d'un pays plus fort, plus uni et plus prospère, un pays qui rayonne.

Les citoyens sont déterminés, nous avons la chance d'avoir des travailleurs acharnés, des entrepreneurs créatifs, des esprits brillants.

Nous avons, en somme, tous les atouts pour réussir, pour franchir toutes les barrières qui se dressent devant nous.

Nous devons investir dans notre recherche, dans notre économie. Nous devons encourager l'innovation, soutenir nos entreprises et créer des emplois pour notre jeunesse.

Nous devons également lutter contre les inégalités, défendre nos valeurs et prendre soin de notre planète. Oui, c'est immense, je n'ai pas dit le contraire… mais je sais que nous pouvons y arriver, car nous l'avons déjà fait justement par le passé. *(Il se tourne vers l'avocat d'extrême droite, en le regardant droit dans les yeux.)*

Mes amis, le chemin ne sera pas facile, mais c'est en travaillant ensemble, en faisant preuve de solidarité que nous réussirons. Je crois en notre pays, en notre peuple, et en notre capacité à réaliser de grandes choses.

Alors, soyons déterminés et soyons prêts à travailler sans relâche pour construire un avenir meilleur. Nous avons devant nous une opportunité extraordinaire, et il est de notre devoir de la saisir. Nous sommes la France, et ensemble, nous pouvons accomplir l'impossible.

Je vous remercie.

Les mots de la non-assistance à République en danger

Surfer sur les courants, ne pas secouer le bateau, quitte à renoncer à ses convictions ou à son intégrité. Voilà le « pas de vague » en puissance qui met la République en danger. C'est, en réalité, un retour aux heures sombres de l'histoire qui s'opère avec une politique de l'autruche donnant raison à celle d'une certaine Autriche.

Pourtant, le diagnostic est partagé. Pourtant, l'état des lieux est clair. Sans un pouvoir fort qui remet nos valeurs au cœur de l'action, les extrêmes nous divisent pour mieux nous fragiliser. Mais les pas-de-vaguistes préfèrent la prudence à la prise de risque, et la complaisance à la défense de principes. Ils font, en somme, le choix de la posture de l'imposture. Coquille vide, sans incarnation, l'usage de leur signature n'a pas d'autre emploi que de gribouiller des lettres génériques pour leurs trop lourds parapheurs.

« Ils traitent ». Ils traitent les gens, les dossiers, les sujets, sans conviction, ils traitent.

Dans cette démocratie obnubilée par ses parts de marché électoral, les pas-de-vaguistes ont choisi le non-choix. Ils savent, d'ailleurs, que c'est la meilleure manière pour que les choses se règlent par elles-mêmes. Comme le disait mon oncle Robert, « si vous n'avez besoin de rien, n'hésitez pas à les contacter » ! Toute la difficulté de cette partie est de rendre vivante l'explication d'une stratégie profondément soporifique.

Pour ne pas heurter, ils se gargarisent de mots vides de sens. C'est ainsi que « diversité » remplace laïcité, « vivre-ensemble » et « bienveillance » pour égalité et « solidarité » pour fraternité. Sauf que faire de la politique, c'est précisément avoir une ligne, les mots justes pour une vision et un projet clairs. C'est défendre notre loi fondamentale permettant de tenir debout contre vents et marées. Ne pas faire de vague, c'est tuer, *in fine*, la démocratie en laissant le champ libre à toutes les formes de populisme qui jouent sur la peur et les frustrations. L'inaction est une bombe à retardement. Et malgré les alertes, les alarmes, les menaces, les drames, rien n'y fait. La République est maltraitée par ceux qui l'occupent. Ces locataires, en voulant éviter le clivage à tout prix, nous divisent.

Qu'importe, en pilotage automatique, les capitaines voguent, sur une mer d'huile, sans se soucier qu'entre éléments de langage et annonces d'actions qui n'arrivent jamais, ils mettent notre unité en danger.

Les incontournables éléments de langage

Ancêtres des mots-clefs, les éléments de langage n'ouvrent aucune porte. Ils ont pour unique ambition de permettre aux responsables politiques d'avoir, comme le professeur Rollin, toujours quelque chose à dire. Initialement utilisés dans le domaine du marketing et de la publicité, ils se sont fait une place de choix au plus haut niveau de l'État où désormais la gestion de l'image et de la communication est un enjeu majeur qui habille les courbes des sondages. Dès lors, selon les différents sujets, dans les cabinets, un conseiller a pour tâche de choisir des expressions spécifiques afin de transmettre un message digeste.

Le but est d'influencer, de souligner une position, d'enrober aussi une pensée pour qu'elle puisse sembler claire. Or, comme ces éléments circulent entre les conseillers et qu'ils sont repris à la lettre par les responsables, les mots soigneusement choisis deviennent, au fil des interventions, des formules génériques désincarnées de toute puissance. À force de répétition, les formules se transforment en slogans dont le but est de marteler une étiquette politique, telle une marque. Les éléments de langage sont alors la marchandisation de la politique qui considère les électeurs comme des clients, potentiellement réceptifs à une offre avantageuse. Ils sont le Black Friday de la démocratie, la tragédie de la stratégie. Les éléments de langage sont si formatés qu'ils détournent le citoyen de tout engagement. Des répulsifs. L'art de s'arranger avec la réalité, de maquiller les faits derrière un écran de mots tue notre confiance, donc notre implication. Langue de bois des planches pourries, opacité déguisée en transparence, évitement habillé en réponse, ces éléments de langage sapent notre croyance dans la démocratie.

Mirage de mots, ils manipulent la pensée en orchestrant souvent un argumentaire d'autopromotion.

Or, comme le soulignait Hannah Arendt, les mots sincères inspirent l'action. Ici, en fonction du milieu, en fonction de l'élément, le langage s'adapte à l'interlocuteur. En somme, si l'on jette le bébé, on ne change pas l'eau du bain, les éléments de langage sont des baignoires qui noient notre désir de politique. Ils nous éloignent de la compréhension authentique des sujets, de la quête de solutions concrètes, notamment parce qu'ils s'emploient à ne pas appeler un chat un chat. Sous couvert de chiffres, donc de sérieux, ils placent une frontière entre eux et nous ; et ainsi mettent à distance notre regard sur la politique. Ils semblent, en réalité, s'inspirer des séries des plateformes. Dès lors, ils ne parlent pas de *défis* mais de *séquences*. Ils ne parlent pas d'*enjeux* mais de *narratifs*.

Se faire son cinéma par les « séquences »

Ce mot utilisé dans différents domaines, notamment scientifique, a l'avantage d'offrir une couleur intelligente à celui qui l'emploie. Mais c'est surtout du domaine de la création que la « séquence » politique tente de s'inspirer. Au cinéma, pour construire une histoire, il faut mettre en place une série de scènes qui sont liées par une continuité que l'on appelle « séquence ». Dès lors, dans un film, il y a les séquences « émotion », les séquences « déplacement »... La « séquence », d'un point de vue musical, semble cependant se rapprocher le plus de la politique. Il s'agit, ici, d'une série de notes, ou de motifs musicaux qui se répètent ou évoluent selon un modèle spécifique. C'est, en quelque sorte, un passage au sein d'un morceau. La résonance est forte avec la politique où les bruits de couloir et les murmures des salons feutrés font régner des petites musiques qui dénotent.

Dès lors, le terme « séquence », qui évoque normalement une structure, l'ordre, la règle, la voie logique, dissone puisque dans le contexte de la politique, elle s'écarte de ce que l'on attend de responsables qui ne sont pas, à leur grand regret, des personnages de fiction. La séquence dérange parce qu'elle masque mal le manque de cohérence et de vision. Si elle permet en façade de se dégager de promesses non tenues et de discours chaotiques, elle dessine aussi, parce qu'elle fait son cinéma justement, le manque de clarté de l'action. C'est ainsi que les séquences, aux éléments de langage soignés, accompagnent, l'air grave et costume gris, les ascenseurs émotionnels dont l'opportunisme n'a de secret pour personne.

Prenons l'agenda. 11, 12, 13 novembre 2023, séquence « guerre et paix entre les nations » : commémoration de l'Armistice, marche contre l'antisémitisme sur fond de conflit, commémoration du Bataclan. 25 novembre, séquence « violences faites aux femmes ». 1er décembre, journée internationale de lutte contre le sida. 9 et 10 décembre, « laïcité et droits de l'homme »...

La « séquence » politique est un miroir déformant, qui démontre, une nouvelle fois, les écarts entre les intentions égotiques, le manque d'attention et l'absence d'actions. Les séquences sont des exercices de communication déconnectés des citoyens en ce qu'elles ne rassemblent pas mais ressemblent à un menu disponible en fonction des appétits et des appétences. « Une minute pour les juifs, une minute pour les nazis » !

La « séquence » en politique signifie tout et rien. Des commémorations, de beaux discours, caramels, bonbons et chocolats, sans conséquence mis à part la satisfaction immédiate de l'image du responsable dont le nombre de likes remplace les rapports de la Cour des comptes. Or, l'antisémitisme n'est pas une polémique, le combat contre le terrorisme n'est pas une séquence. La célébration des juifs morts, comme Ilan Halimi, n'est pas un ersatz à l'éthique du quotidien, ni un moyen de redorer son blason islamo-compatible sous couvert d'émotion passagère. Malheureusement, la séquence est une drogue qui veut faire croire à la véracité d'un narratif.

Se donner un air de m'as-tu-vu par le « narratif »

L'homme est le seul animal narratif. C'est ainsi que dès le plus jeune âge, il implore ses parents de lui raconter une histoire. Récemment, les guerres, notamment en Ukraine et en Israël, ont fait surgir une terrible bataille du récit. Le narratif devient l'élément clef de la compréhension du grand roman national. À raison ! C'est le narratif qui crée une histoire cohérente sous l'impulsion d'éléments majeurs. Il comprend des personnages, des protagonistes et des antagonistes, de la même puissance (sinon l'histoire ne tient pas), ayant des besoins, des envies, des désirs, qui entrent en conflit par les défis et les enjeux qu'ils convoquent via l'intrigue. Dès lors, le narratif a une structure précise. C'est une mécanique que l'on apprend dans les écoles de scénaristes. Plus la structure est rigoureuse, plus les grands enfants que nous sommes sont tenus en haleine.

Le narratif a un pouvoir. Par sa puissance à communiquer, il rend vivant les émotions, à prendre le public par la main, à l'entraîner, à l'inspirer, à le mettre debout en s'identifiant aux héros en présence. Mais avons-nous encore des héros ? Le terme « narratif » révèle les contours d'une triste époque. Le sacré du récit est instrumentalisé. C'est ainsi, par exemple, que l'on commémore allégrement la mort d'Ilan Halimi par des manifestations, par des prix, tout en étant en retrait sur les questions de la lutte contre l'antisémitisme au présent. Le narratif est alors un leurre qui masque parfois bien, mais souvent mal, la réalité de l'inaction. N'est pas scénariste qui veut !

Or, dans notre monde d'image, notre œil est affûté à l'insincérité. Notre engagement est entaché par ces narratifs sans queue ni tête, vides de sens. Les temps de campagnes électorales démontrent à la perfection la faiblesse des narratifs qui, plutôt que d'ajouter au roman national, en font une eau tiède qui irrigue notre fatigue démocratique. Et c'est ainsi qu'au lieu de planter le décor, les candidats nous projettent dans le mur. Et cette fois, contrairement à notre enfance, c'est parce qu'ils n'ont plus rien à nous raconter qu'ils arrivent à nous endormir.

Rompus à l'exercice, les conseillers arrivent à enrober le vide non seulement par de belles images mais aussi par de vrais chiffres.

Asseoir sa légitimité par « les chiffres »

Puisque notre niveau en maths est proche de zéro, certains de nos dirigeants s'amusent à nous sortir des chiffres incompréhensibles. « J'ai les chiffres », « il faut regarder les chiffres », « chiffres à l'appui ! » lancent-ils en point d'orgue sur les plateaux de télé. Et notre stress monte à l'idée de lire des tableaux que nous ne comprendrons pas.

Depuis le temps, nous savons que l'on peut faire dire à peu près tout et n'importe quoi aux chiffres qui habillent intellectuellement le narratif. La période des fêtes de fin d'année et son vote du budget de l'État nous offrent des exemples de cadeaux fabuleusement faux. En 2023, par exemple, conscient de la crise culturelle en cours et du nécessaire soutien aux artistes, le gouvernement annonce que le budget de la Culture va augmenter de 4 %. Cela ferait vraiment plaisir si l'inflation n'était pas, elle aussi, proche de 4 %. Dès lors, malgré les photos sur Insta et autres autocongratulations sur les réseaux virtuels, ce budget est, dans le réel, bel et bien en stagnation. Merci, au revoir !

Pourtant, l'utilisation des chiffres en politique offre une force de persuasion irréfragable. Les chiffres, mieux que les mots, sont tels des hommes à tout faire, les couteaux suisses de nos représentants. Les chiffres des sondages savent, eux aussi, influencer l'opinion publique. Mieux que les avocats, ils offrent une plaidoirie redoutable pour conforter toutes décisions politiques.

Ainsi, données démographiques et autres statistiques donnent un état des lieux des enjeux à porter ou des défis réussis. Le plus connu de tous étant le taux de chômage qui règne depuis des décennies comme le marqueur fort de la bonne santé de notre société. Juste derrière, les chiffres sur la criminalité, ceux du pouvoir d'achat, de la santé publique et de l'illettrisme sont les plus fréquemment cités comme base d'argumentaire.

Aussi, pendant les campagnes électorales, les chiffres ont-ils une importance rare. Outre le prix de la baguette et du ticket de métro qu'ils connaissent par cœur pour l'occasion, les politiciens annoncent des chiffres concrets : un objectif de création d'emplois, de la réduction des impôts, ou de l'augmentation des dépenses dans certains secteurs. Les chiffres offrent une impression de promesses précises donc atteignables. Or, comme le soulignait le général de Gaulle, « la politique la plus coûteuse et la plus ruineuse, c'est d'être petit ». Qu'importe ! Dans notre monde visuel, graphiques, tableaux et autres apportent un confort au récit. Nous ne les comprenons pas toujours, mais ils sont les indices de sérieux et de travail en couleur qui influe sur un ressenti favorable. Comme disait ma grand-mère, « ils présentent bien ! »

Les gouvernements utilisent des chiffres pour évaluer l'efficacité des politiques publiques et les comparer avec d'autres pays moins performants. Comme lorsqu'on rentrait de l'école, d'accord, la note était mauvaise, mais Cynthia avait eu bien pire !

Les chiffres sont, régulièrement, la volonté d'un affichage présenté de manière partielle pour alimenter un point de vue particulier. Seuls le discernement, la compréhension, la prise de hauteur permettent de voir, selon l'humeur, le verre à moitié plein ou à moitié vide. Qu'on se le dise !

La manipulation des chiffres est un art subtil qui crée l'illusion de la compétence. Pratiques trompeuses, les chiffres surinterprétés ou sortis de leur contexte ne peuvent pas masquer les réalités. S'ils sont des sources d'information, ils ne nous empêchent pas d'être lucides. L'une des meilleures illustrations est le chèque culture, nouvellement dénommé « pass Culture », mais qui reste bel et bien un chèque : 2,3 millions de jeunes entre 15 et 18 ans sont inscrits sur le pass Culture ! On s'en gargarise. « Grâce à nous, les jeunes sont désormais intéressés par la culture. » Mais qui sont les jeunes normalement constitués qui n'iraient pas retirer un bon d'achat entre 300 et 500 euros ? Le pass fait croire aux adultes de la culture qu'ils œuvrent à la transmission. Or, entre *escape games* et mangas, sans accompagnement artistique, ce n'est qu'un outil qui apprend aux jeunes à consommer.

L'utilisation des chiffres à outrance érode, une nouvelle fois, la confiance du public à l'égard du politique. Fichtre ! Car le citoyen éclairé ne s'y trompe pas, même si les chiffres se conjuguent, dans la mollesse du discours, avec la rhétorique de l'action.

La passive rhétorique de l'action

Ils sont « à la tâche », nous l'avons bien compris. Mais suffit-il de répéter ce mantra pour que nous puissions y croire ? Grâce aux réseaux sociaux, photos avec filtre à l'appui aux bras de leurs différents interlocuteurs, ils font comme si, avec des posts comme ça : « Journée inspirante, avec l'association Macramé dans le Doubs. La solidarité innovante et inclusive permet à nos jeunes de s'impliquer dans un ouvrage manuel. L'État se tient à leur côté. » « Soirée pleine d'énergie avec les grandes figures de la peinture sur soie de Saint-Pierre-des-Corps qui irriguent l'imaginaire et le rayonnement de la région. » Ou encore « Honorée de recevoir ce matin La Carpe et le Lapin, une compagnie en tournée dans nos régions, dont le travail permet de créer du lien intergénérationnel dans toute l'Europe. » (Élections obligent !)

Ça fait le job, parce que ça ne fait pas de vagues. Ils sont heureux que ça ne mange pas de pain, alors que nous sommes désespérés car il y en a tellement sur la planche…

Exaspération d'un roman-photo qui défile, au fil du mandat, sans que l'on en comprenne la ligne, le sens, la vision et surtout la pertinence des résultats.

Au secours ! Cette tendance à brasser de l'air en privilégiant la forme sur le fond est inquiétante en ce qu'elle interroge un fonctionnement étranger aux préoccupations des citoyens. Dès lors, nos responsables sont à l'action publique ce que JR est aux monuments : des spécialistes du trompe-l'œil. Passé les discours de façade, l'action n'est qu'une musique d'un ascenseur qui reste au rez-de-chaussée.

Mais le pot aux roses ne se limite pas aux réseaux. Lorsque l'image a besoin d'un coup de fouet, l'orchestration d'une mise en scène reste possible. Il suffit d'un peu d'entraînement, de choisir la date, par exemple celle d'un événement symbolique et dans la salle quelques complices qui sécurisent le « coup de gueule ». Alors, en rupture avec un silence mortifère depuis des mois, cette prise de parole « si cinglante » fera inévitablement un buzz. Le tour est joué, mal, mais joué !

Enfin, il y a la carte magique, la fameuse conférence de presse. Cette dernière répond à une règle : faire des annonces. L'objectif est moins de prendre le taureau par les cornes que de donner l'impression que les constats étant partagés, les problèmes sont pris en charge.

Mais la plus belle des habiletés, pour réussir à maintenir un semblant de dynamisme sans s'attirer les foudres des citoyens, est de faire croire à une écoute attentive de tous par la mise en place d'une concertation, dans le cadre d'un « plan d'action » orchestré par les services garants d'un « process ».

Un « process » qui prend forcément du temps

C'est le graal de la politique des petits pas. Celle qui prend son temps et résiste à la précipitation du monde de l'immédiateté. D'ailleurs, le process a pris une si grande place qu'il pourrait nous faire croire que nos dirigeants sont des philosophes romantiques qui, au lieu de voir la destination, contemplent le chemin. Or, si le respect des procédures est important pour atteindre un but, le process ou processus (pour les plus francophones d'entre nous !) vole, bien souvent, la vedette aux actes. Mettant à l'épreuve notre patience, le processus est partout, il voit tout, il guide tout. D'abord, il s'impose malgré l'impatience des sondages, dans le sacro-saint processus électoral qui comprend l'enregistrement des électeurs, la campagne, le collage d'affiches, les meetings, le vote, le dépouillement, la déclaration des résultats et autres déceptions[1].

Ensuite, on nous martèle qu'il faut laisser tranquille le processus législatif, incarnation pourtant de la démocratie. Dès lors, les textes de loi sont proposés, débattus par nos représentants régulièrement rappelés à l'ordre pour leur temps de parole par une présidente de l'Assemblée devenue CPE de la nation. La loi est donc révisée par amendements, adoptée à une voix, et promulguée à bas bruit. C'est à ce processus à tous les échelons territoriaux, qu'ils soient européens, nationaux, régionaux ou locaux, que nous avons la chance d'assister grâce à cette configuration politique. (Je force à peine le trait.)

Puis, dans nos temps troublés par une actualité internationale douloureuse, nous trépignons devant les processus de négociation diplomatique

1. Voir *Une partie de campagne*, avec Xavier Gorce, Éditions de l'Observatoire, 2022.

qui nous parlent de paix, de stabilité internationale, de cessez-le-feu, sans forcément répondre à l'urgence d'une restitution d'otages. Mais tout va bien, puisque c'est en cours...

Au niveau national, le processus de prise de décision politique donne lieu à une réunionite aiguë. Autant dire qu'on n'est pas rendu ! Le « process » est devenu un véritable labyrinthe spatio-temporel dans l'arène politique où les représentés se perdent.

L'utilisation excessive de ce terme se moque de l'impulsion citoyenne, castre la volonté politique et se détourne des urgences pour se draper dans le manteau d'une bureaucratie qui, sous couvert de « process », peut tout justifier. Excuse ultime de l'inaction (ou l'absence de courage ?), du retard dans la prise de décision et du manque de résultats tangibles, le process est le rempart à toute controverse. Justification bureaucratique, il marque la fin de la relation entre les citoyens et les représentants qui deviennent hermétiques. Impuissants et démunis, c'est alors que nous acceptons, en parallèle, d'être consultés au sein d'une grande concertation.

La « concertation » comme alibi

« La politique est l'art de consulter les gens sur ce à quoi ils n'entendent rien et de les empêcher de s'occuper de ce qui les regarde », écrivait Paul Valéry.

La concertation ou la consultation, voilà un outil fascinant dont Ségolène Royal a été l'une des plus ferventes défenseuses. Société civile, experts, partis politiques, syndicats, entreprises, associations, sur le papier toutes les opinions comptent !

Il s'agit d'un « processus » par lequel des acteurs politiques invitent différents groupes d'intérêt ou les citoyens à participer à des négociations pour parvenir à un accord sur une thématique spécifique. C'est alors que le consensus pourra se faire sur des sujets pourtant épineux. Il s'agit, pour résumer, d'une sorte de référendum, mais avec plus de mots, plus de réunions et plus de temps à consacrer à un idéal (une utopie ?).

L'autre objectif est d'apaiser les tensions entre les parties en présence, en mettant en lumière la fameuse transparence. Une feuille de route, des comptes rendus, des photocopies, des PowerPoint, des documents partagés sur Google Drive, des points d'étapes en commissions thématiques ou commissions élargies doivent permettre, dans le cadre du processus, de prouver la bonne foi du politique à la recherche d'une confiance citoyenne. Or, si son but premier est de promouvoir l'élaboration de politiques publiques dites inclusives par lesquelles nous nous sentons valorisés, la profusion de concertations met en lumière surtout ses parts d'ombre. D'abord, parce que la réussite d'une consultation dépend de la qualité de l'échange. À l'heure où nous savons de moins en moins dialoguer, il est presque paradoxal de commencer des consultations à profusion. Ensuite, parce que s'il n'y a pas de volonté politique forte pour engager une décision claire, la consultation ne peut aboutir avec succès. Concrètement, la consultation retarde la prise de décision en faisant croire à un haut degré de démocratie. En réalité, en jouant la montre, il s'agit d'une forme d'anesthésie du citoyen, qui l'empêchera de se rebeller puisqu'il se sent considéré.

L'instrumentalisation de la concertation est criante dans un contexte d'urgence démocratique. Alibi d'une écoute en voie de disparition, autour de café et de petits gâteaux secs, les décisions sont généralement prises dans les coulisses du pouvoir, bien avant la fin du processus, si ce n'est en amont. Et c'est ainsi que la concertation produit l'effet inverse de ce qui était escompté : la défiance. Après des mois d'implication, lorsque le rapport final arrive sur le Google Drive (parce que les travaux sont trop lourds pour être envoyés par mail), c'est une grosse déception de constater que l'impact de votre voix est finalement marginal. Vigilance alors, sur la concertation, forme de coquille vide sortie du chapeau institutionnel, qui l'occupe plus qu'elle ne la préoccupe. Le cynisme est à son comble lorsque l'on a connaissance du nombre de fonctionnaires et de marchés publics décrochés par les entreprises dédiées, pour mettre en œuvre certaines campagnes de consultation. McKinsey reste un sujet épineux. À la fin, c'est une montagne qui accouche d'une souris mais qui permettra d'offrir une tranquillité notoire aux responsables tournés vers un formidable plan d'action.

Le plan d'action comme plan B

Plan d'action pour le logement, le climat, contre la dette, pour tout ; un plan d'action, c'est la solution ! Une manière implacable pour montrer que la politique est en bonne marche.

Tel un chemin de fer, le plan d'action est un document (il faut bien laisser des traces !) qui précise les différentes étapes pour atteindre un objectif. C'est une synthèse de tout ce que nous avons vu entre « processus », objectifs « chiffrés », et dont le sens est issu des travaux de la concertation. Ici, l'action est tangible, non pas sur le terrain, mais dans un document qui suit une notice précise.

Ainsi, tout plan d'action justifie en introduction sa propre existence. La première partie ouvre le document avec une définition claire du problème à résoudre. Ensuite, il décrit les différentes étapes à suivre afin d'atteindre les objectifs. C'est ici que l'acronyme SMART a toute son utilité, les étapes devant être Spécifiques, Mesurables, Applicables, Réalisables et Temporelles. Dans ce cadre (parce que l'air de rien, le temps file !), une date limite doit être fixée pour chaque étape.

Ensuite, dans le plan d'action, le nerf de la guerre, l'argent, a évidemment une place significative. Ainsi, les ressources nécessaires à la mise en œuvre devront être affichées. Ces dernières pourront, en fonction des colères ambiantes, faire l'objet d'une annonce forte, à base de millions consacrés à l'enjeu dédié. Un petit billet, ça calme toujours les foules !

Pour démontrer la responsabilité et l'exigence, le plan d'action prévoit son suivi et son évaluation. Inspecteur des travaux finis de lui-même, des indicateurs mesurent son efficacité et, à défaut, des ajustements peuvent être envisagés. Mais, là où le plan d'action devient vraiment intéressant, c'est qu'il identifie, en amont, les risques et autres contingences qui rendraient impossible sa mise en œuvre !

Enfin, la résolution du problème étant nécessaire et attendue en tant que promesse électorale ou autre, le plan d'action doit être connu. C'est pourquoi une stratégie de communication accompagne généralement les différentes étapes du document.

Évidemment que le plan d'action permet de structurer la manière de résoudre des problématiques, de gérer des projets, de coordonner les étapes et de rendre transparentes les responsabilités, mais il y a un « mais »… La notion de « plan d'action » est de plus en plus détournée de sa fonction première par opportunisme et démagogie. Les plans semblent se succéder pour masquer une forêt de projets inaboutis. Le plan d'action se circonscrit à une opération de séduction, au lieu d'engager un changement qui impacte concrètement la société. Alors, tout au bout, la rhétorique du plan d'action fragilise la confiance entre citoyens et décideurs. Par ailleurs, les plans d'action à l'horizon 2050 ou 2100 posent question. Si l'idée permet d'incarner une vision sur le « temps long », elle nous éloigne aussi des urgences du quotidien. L'enjeu de prendre en compte les générations futures impressionne, certes, mais il est si flou et si dissonant avec les contraintes du présent, qu'il fatigue et détourne de l'engagement. La politique, c'est du tangible, de la prévoyante sans faire des plans sur la comète. En somme, l'idée du plan d'action est très ingénieuse pour remettre l'action politique à plus tard, tout en donnant l'impression d'être « à la tâche ».

À la tâche

Les dirigeants ne cessent de se dire « à la tâche », expression devenue le leitmotiv du discours de ces dernières années. Dès lors, en rappelant de manière incessante qu'ils sont au travail, comme une figure imposée, forcément, le doute s'installe. Que cachent-ils derrière ces mots ? Veulent-ils nous rassurer ? Veulent-ils gagner du temps ? Nous convaincre qu'ils travaillent vraiment pour de vrai ? Ou, tout simplement nous demandent-ils de les laisser travailler ? Encore heureux qu'ils soient à la tâche ! Avec nos impôts, ne sont-ils pas là pour ça ?

En réalité, cette notion franchit un cap dans la rhétorique politique. Avant, les grandes déclarations concernaient les sujets, les thèmes, les enjeux. Aujourd'hui, avec cette expression, nos dirigeants ont l'inélégance de parler d'eux-mêmes, de leurs journées et de leurs nuits de travail. Ça tombe bien, nous aussi nous sommes à la tâche et nous non plus nous ne dormons pas. Ainsi, en pensant nous faire pénétrer dans les coulisses du pouvoir, en apportant une explication de leur fonction au lieu d'apporter des preuves tangibles de leurs réalisations, ils ne se rendent pas compte qu'ils ajoutent de la fatigue à notre agacement.

Malgré eux, ils nous encouragent à être attentifs à leurs agendas partagés, qu'ils affichent sur les réseaux. Et c'est ici que le réel nous saute aux yeux. Être à la tâche, c'est surtout se mettre en scène, montrer qu'on a du monde autour de soi, en bras de chemise retroussée, travailler non pas pour la société, mais pour marquer des points face à ceux qui dérangent, justifier sa place et surtout la garder.

Être à la tâche, c'est en somme expliquer qu'on est indéboulonnable à son poste. C'est au fond un sous-texte aux mots d'Alexandre Dumas, qui faisait dire à son M. Noirtier « qu'en politique [...] il n'y a pas d'hommes mais des idées ; pas de sentiments mais des intérêts ; en politique, on ne tue pas un homme, on supprime un obstacle, voilà tout ». Alors, effectivement ça fait tache !

Conclusion en conclusion

> « Lorsqu'on ne s'occupe pas de politique, elle vous joue quelquefois le mauvais tour de s'occuper de vous. »
>
> Victor Cherbuliez

Ils ont peur. Ils n'ont pas le courage, donc ils ont la flemme, donc ils procrastinent. Peur de perdre le vote et donc leur place, les petites femmes et les petits « hommes gris ». Ils suivent alors les modes, les tristes influenceurs, pour capter un peu de leur capital sympathie auprès de la jeunesse, glaner tristement quelques followers. Si peur d'être au front, à l'avant-garde, si peur de bousculer, qu'ils jalousent ceux qui le font. Qu'ils sont dangereux, les « pas-de-vaguistes » en place !

Plus les enjeux sont importants, plus l'eau est tiède. Qu'importe ! Leur immobilisme est une valeur ajoutée pour tenir les murs de la nation. Mais le « pas de vague » transforme une société en naufrage. Les citoyens se détournent de la démocratie, fatigués des discours et de leurs photos sur X pour mieux masquer leur manque d'incarnation. Paradoxe, leur absence d'audace est proportionnelle à leur volonté de popularité.

Dès lors, après le pogrom du 7 octobre 2023 en Israël, ils accompagnent tranquillement le silence des artistes. Mieux, après cinq semaines de mutisme, ils sont fiers de marcher auprès des vedettes dont le silence terrifiant a donné naissance à une banderole blanche. Qu'importe, ils pourront noter, dans leur bilan annuel, « j'ai cinq cents artistes », la preuve en images. Or, comme Shimon Peres le soulignait, « la seule manière d'être prudent, c'est d'oser ». Effectivement, lorsque le courage manque, nos fondamentaux reculent.

À force de laisser passer la concurrence des victimes, dans un pays pourtant fondamentalement universaliste ; à force de laisser la confusion s'installer entre « égalité des droits » et égalitarisme où aucune tête ne doit dépasser ; à force de laisser s'installer la logique du bouc émissaire qu'est le juif, le riche, l'homme blanc, le boomer, l'homo ; à force de laisser passer que le Noir, l'Arabe, l'immigré, « la » femme sont non coupables quoi qu'ils fassent, sans se battre pour l'État de droit ; à force de laisser s'installer le communautarisme jusque dans l'école républicaine ; à force de laisser dire que l'universalisme, humanisme des Lumières, et la laïcité sont islamophobes ; à force aussi d'adouber le *soft power* américain (réseaux sociaux, films, séries...) qui finit par faire croire à certains qu'ils vivent en Alabama en 1950 ; à force d'attribuer des subventions à des associations qui créent les conditions de la division et la coexistence des France ; à force d'en laisser d'autres, malintentionnées, qui sous couvert d'antiracisme fracturent autant qu'elles facturent ; à force d'être dans une culpabilité nourrie par les dogmes décoloniaux mettant en cause l'histoire de France pour justifier toute infraction ; à force de laisser s'installer cette petite musique du racisme systémique français, et du « la police tue », nous payons le prix fort... mais ils restent en place.

Parce qu'ils ont peur, ils sont les facilitateurs du chaos où nous n'arrivons plus à expliquer qu'être un citoyen, c'est avoir des droits mais aussi des devoirs. En caressant dans le sens du poil nos fractures, nous n'arrivons même plus à nous dire appartenir au même monde. Il existe avec eux des France qui n'arrivent plus à se retrouver sous le même drapeau. Tout en se revendiquant de l'unité, ce sont les « pas-de-vaguistes » qui font le jeu du clivage. Cette manipulation est un fonctionnement malsain, sur le mode « passif agressif ».

Tristesse, colère, solitude animent alors les citoyens qui, en réponse, ont le sentiment de n'avoir plus comme seul refuge que les extrêmes.

Pourtant, la seule manière d'enjamber les enjeux majeurs qui sont les nôtres, la seule solution pour être forts face aux bouleversements de notre société et du monde, c'est de maintenir avec puissance une seule et même langue faite de mots précis pour une République debout.

QUATRIÈME PARTIE

Les mots-clefs pour la République

« La République n'est pas un dogme, n'est pas une doctrine, c'est une méthode pour obtenir la plus haute efficacité possible de toutes les énergies humaines par la plénitude de la liberté. »

Jean JAURÈS

La France se trouve dans un moment de vérité. Elle a rendez-vous avec son histoire. En roue libre sur le chemin d'une division irréconciliable des France, elle doit faire urgemment son examen de conscience pour redevenir une.

Attentats islamistes, radicalisation, climat de violence, antisémitisme, racisme, révisionnisme, délation, disqualification de la laïcité, influenceurs de haine, dogmes racialistes qui effacent le passé et fondent une victimisation qui heurte de plein fouet l'esprit républicain, disparition de la nuance, de la pensée, du discernement, rejet de la complexité, de la raison, dégoût du patrimoine comme du dialogue… notre époque éperdument douloureuse est aussi un révélateur d'une République que nous n'avons pas ou peu transmise. Or, la République n'est pas une opinion, c'est un combat. Sans céder ni à la terreur ni à la mollesse, il s'agit de rester debout.

Je suis heurtée dans ma chair lorsque j'entends les crimes dits contre l'humanité ne concerneraient pas, pour une partie de nos concitoyens, l'humanité tout entière. Je suis blessée au plus profond lorsque le dangereux « pas de vague » devient un fléau pour satisfaire certains intérêts personnels, alors que la bataille à mener contre le populisme est des plus rudes. Les réseaux sociaux, la haine par les mots, celle qui jouit de l'outrage, plante aujourd'hui des cibles autant que les graines du séparatisme, de la division, de la ségrégation, de l'idéologie de la race pure d'extrême droite ou de l'obsession raciale d'extrême gauche, donc de la guerre civile. Les traces sont là, dans le territoire perdu de la République numérique, et nous ne pourrons plus dire que nous ne savions pas.

Le clientélisme et la concurrence victimaire tuent le réel, anesthésient les combats pour la République. Et la peur nous détourne de nous-mêmes. L'universalisme, l'humanisme ne sont pas non plus des options, ce sont des exigences autant que des responsabilités que doit endosser tout citoyen. C'est ainsi que dans les convulsions du monde et les manipulations idéologiques aucun relativisme n'est possible. Nous avons cette responsabilité de maintenir la paix, la démocratie, l'État de droit. Mais il ne s'agit pas ici de faire un énième colloque, ni d'allumer des bougies ou de câliner des nounours. Il s'agit d'incarner puissamment notre République afin de la faire vivre. Il s'agit de se mettre debout à ses côtés.

Une nouvelle fois, je connais l'infériorité d'être noire, l'inhumanité d'être une vermine juive, la violence d'être musulmane face à l'islamisme, la fragilité postcoloniale d'être blanche. Et avec tout cela, on me dit clivante ?! Certes, c'est une insolence pour les uns, une offense pour les autres, mais pour beaucoup, c'est une ressemblance en fraternité de continuer à être une femme républicaine, une femme libre et debout.

Plaidoirie 4

La parole est (enfin) à l'auteure

Debout à la barre, cœur battant, afroyiddish, je me donne du courage en pensant à nos aînés, mes grands-parents, mes parents évidemment, autant qu'à notre jeunesse dont, comme nous tous, j'ai la responsabilité. Le port altier en héritage d'une formation de danseuse classique contrariée issu du Baol Baol et du Stehtel, mes cheveux noirs en afro offrent un contraste imprévu avec la rigueur patrimoniale que convoque le lieu.

Ma combinaison en velours pourpre est une tenue de combat où mes gestes mais surtout mes convictions pourront rester libres. Si la salle comble est impressionnante, je prends le temps d'un regard pour chacun, avant de parler de nous et de la République.

Monsieur le Président, Mesdames et Messieurs les jurés,

Ce qui m'anime, c'est à la fois de la colère, de la tristesse mais aussi de la solitude. Dans les mots de mes confrères et néanmoins concitoyens, nous avons entendu tour à tour de la vindicte, un défilé d'aigreur, de frustration, mais aussi, en sourdine, une soif de pouvoir faisant dériver les principes de République vers des côtes dangereuses, qui dessinent, en réalité, plusieurs France. Face à cela, nous ne pouvons pas renoncer.

Je m'y refuse. Nous ne pouvons pas nous y résigner, ni nous habituer à ce que l'esprit de notre loi fondamentale soit bafoué par des interprétations et des combats pervers qui entachent l'unité de notre pays.

Aujourd'hui, je viens plaider notre cause, celle de la République indivisible. Il s'agit d'un idéal qui a résisté à l'épreuve du temps et qui est plus essentiel que jamais. La République ne s'est pas faite en un jour. Elle incarne, en son sein, les principes les plus nobles de l'*humanisme*. Elle ressemble d'ailleurs à cette humanité, une complexité, une *ligne de crête*, loin de toute simplification manichéenne, n'en déplaise aux populismes.

La République, c'est d'abord la promesse de liberté. Elle consacre le droit qu'a chaque individu de penser, de s'exprimer et de vivre sa vie selon sa conscience. Dès lors, elle garantit le respect de la diversité d'opinions. Dans notre République, et c'est une chance inouïe, la dissidence est autorisée, et la voix de chaque citoyen compte. Oui, la République est le bouclier qui nous offre un espace où nous pouvons débattre, critiquer et œuvrer. C'est cette liberté qui nous permet d'innover, de créer, de repousser les limites du possible et d'écrire notre histoire humaniste et universaliste.

La République, c'est ensuite la quête d'égalité. Elle a émergé des profondeurs de l'histoire, portée par les idéaux de la Révolution française. Elle proclame que tous les citoyens naissent égaux en dignité et en droits, quels que soient leur origine, leur religion, ou leur statut social ; le citoyen a des droits égaux et inaliénables. Il faut rappeler que contrairement à certains endroits du monde où règne la barbarie, toute personne a le droit à la sûreté. Ainsi, la justice doit être accessible à tous, l'oppression combattue et toutes les formes de discrimination éradiquées. C'est cette promesse d'égalité devant la loi qui nous unit, qui fait de nous une nation une et forte.

Enfin, la République, c'est un engagement, c'est un contrat entre nous, entre tous. Il s'agit d'un pacte envers la *fraternité* par la laïcité.

La fraternité nous rappelle que nous sommes tous liés les uns aux autres, que nous partageons une responsabilité collective envers nos semblables. Nous sommes liés par un destin commun. Dans un monde marqué par la division, elle convoque le respect de nos différences tout en célébrant, là aussi, ce qui nous unit. Elle incarne la laïcité, qui garantit la séparation de l'Église et de l'État, permettant à chacun de pratiquer sa religion en toute liberté et dans le respect des lois. La laïcité est un combat parce que c'est notre ciment. C'est ainsi que la République est surtout une complicité entre nous, un lien qui s'entretient par la relation, notre humeur, notre humour bien français et le mélange de nos rires qui se font, malheureusement, de plus en plus rares.

Car certains l'ont oublié, mais l'âme de la République, c'est aussi l'*art* et la culture. C'est à ce titre qu'il y eut *Charlie Hebdo*, le Bataclan, les terrasses symboles de notre art de vivre, c'est pour cela que les alertes à la bombe touchent le Louvre ou Versailles. Or, face à ces destabilisations, nous récoltons des silences. Ces silences, Monsieur le Président, tuent la liberté de création et fragilisent en creux la *liberté d'expression*.

Défendre la République passe obligatoirement par une politique réelle pour l'art et la culture. C'est le premier des combats. Sans la protection de son âme, il est logique que la République soit constamment mise à l'épreuve. Les forces de l'extrémisme, de la haine et de la division cherchent à déstabiliser cet esprit républicain en entrant dans les failles de ce que nous tenons pour acquis. Dès lors, les tentations de clientélisme, de communautarisme, d'autoritarisme, d'injustice et de laideur menacent sa survie.

Il est de notre devoir de défendre la République. De nous dresser contre la xénophobie, le racisme et l'intolérance pour bâtir un pays juste et lutter contre l'instrumentalisation de ces thèmes. De nous rappeler que la République est un bien commun, un patrimoine matériel et immatériel à préserver pour les générations futures de *citoyens* éclairés qui auront à leur tour le devoir de la chérir et de la transmettre.

Face aux défis du monde, le *temps* de l'*engagement*, d'un combat puissant est venu. C'est peut-être moins séduisant, moins grandiloquent que les autres discours racoleurs, il n'en reste pas moins qu'il s'agit d'une bataille symboliquement existentielle. Il faut comprendre ce qu'est le temps, d'abord. Ce n'est pas le temps de l'immédiateté des réseaux sociaux, c'est le temps présent qu'il faut prendre en compte. Nous devons avoir la République chevillée au corps « en nous couchant, en nous levant », pour reprendre Primo Levi dans *Si c'est un homme*.

Être citoyen au jour le jour, c'est comprendre que si la République nous offre des *droits*, elle nous impose aussi des *devoirs*. L'engagement, celui qui nous oblige, s'inscrit dans cet équilibre. Si la République est notre rempart contre les violations des droits de l'homme, il est aussi de notre nécessité morale de la défendre, de la renforcer et de l'incarner dans une application forte de mots à dire et de lois à appliquer. La République, c'est le chemin. Dans cette époque marquée par nombre de défis et d'incertitudes, dans ce présent impacté aussi par l'individualisme et l'égocentrisme, nous devons nous rappeler que la République est un phare qui guide nos parcours. La liberté, l'égalité et la fraternité sont un idéal, mais si nous nous y mettons tous, ces principes peuvent être des réalités.

Je me tiens aujourd'hui devant vous pour défendre un trésor inestimable qui transcende les siècles, un héritage dont nous devons être fiers : la République française. Mais, pour défendre ce joyau, il nous manque aujourd'hui le désir de le faire et la passion de le faire.

Certes, comme toute œuvre humaine, la République n'est pas parfaite. Certes, elle doit évoluer pour s'adapter aux défis du temps présent. Mais nous devons tous être les gardiens de ces idéaux fondamentaux, socle sur lequel repose notre unité autour de nos aspirations citoyennes.

Alors, Monsieur le Président, Messieurs, je vous en conjure, soyons fiers de notre République. C'est ainsi que nous aurons à cœur de la transmettre à nos enfants, à l'école et dès le plus jeune âge en honorant l'héritage des générations qui nous ont précédés. Nous devons urgemment continuer ce combat pour une République forte, juste et égalitaire, où chaque citoyen peut vivre en *paix*, dans la dignité et la fraternité. C'est notre devoir, c'est notre héritage et c'est notre avenir. Mais face à la haine et au déchirement du monde, nous devons ouvrir le parapluie de notre dignité et redorer le blason de l'autorité. C'est uniquement ainsi que la République et la France par son unité pourront encore tenir debout.

Je vous remercie, Monsieur le Président.

L'exigence des mots justes pour un langage commun

> « Il faut être dans un état d'équilibriste parfait pour ne pas se laisser déséquilibrer par les déséquilibrés. »
>
> Romain Gary, *Chien blanc.*

Souvent, il est dit que les écrits restent, alors que les paroles s'envolent. Comme si les écrits avaient plus d'importance que les discours. Or, il y a quelques années, un rabbin m'a fait remarquer que tout le monde n'avait pas le superpouvoir de voler, mais que les mots oui. Il n'y a rien de plus puissant et dangereux que des paroles injustes, vindicatives, haineuses qui s'envolent. Elles sèment au vent vengeance, colère et haine, et alimentent un climat délétère.

S'additionnent à cela des visions de la France qui s'opposent sans jamais se croiser, puisqu'elles ne veulent pas de concorde. Le monde dans lequel nous nous trouvons est, comme le disait Lacan, non celui des « malentendus mais des malentendants ». C'est ainsi que sans écoute, chacun dans son clientélisme pervers, les mondes se divisent, heurtant l'unité de la République.

En abaya, avec un diadème ou un bonnet phrygien, la volonté de coiffer Marianne selon son « mood » égotique à l'occasion d'une photo Insta entache au fond notre socle commun. Or, Marianne mérite des mots justes qui la rendent humaine et forte, solide et solidaire, solidaire parce que solide. Elle est Marianne parce que debout.

Les mots justes sont des remparts contre tous ceux qui souhaitent que règne entre nous l'incompréhension. Ils ouvrent les portes d'une notion pas à la mode et pourtant d'une impérieuse nécessité : la fraternité. Car c'est bien par la langue maternelle en commun que commence l'esprit fraternel.

Pourtant, les mots justes sont fragiles. À l'heure où le laisser-aller et le droit à la paresse font rage, ils sont une exigence de précision puisqu'un mot peut détruire ou sauver. C'est dans la justesse des mots que réside la puissance de la politique vers la difficile harmonie. La beauté de la langue, celle des poètes qui cherchent inlassablement des mots sur mesure, offre des lumières au monde. Or, lorsque toute forme de beauté est dénigrée ou disqualifiée sous prétexte d'être trop « blanche », lorsque certains dogmes entachent la manière de nous exprimer pour nous déshumaniser, les mots, début de l'action, sont des armes, souvent des boucliers, mais toujours ils sont le reflet d'une volonté de maintenir nos liens. L'ambition n'est pas que nous soyons polyglottes, l'enjeu aujourd'hui est que nous puissions parler la même langue.

La parole devient trésor, qui dans l'obscurité des mots inexprimés, là où le silence confortable est roi, peut réanimer, réconforter, donner du courage et guérir notre société névrosée. À nous, alors, de prononcer sans relâche et faire vivre ces mots, ceux de la lettre de la Constitution, ceux de son esprit. C'est en parlant cette langue vivante que nous pourrons lutter contre cette désastreuse autocensure qui tue ce que nous sommes. Pour que la République reste debout et que la France retrouve son unité, nous n'avons pas le droit de garder le silence.

Les mots piliers de la République

Notre civilisation, n'en déplaise à certains, est fondée sur le droit. Pas étonnant alors que le mot le plus long, la « star » de la langue française, relève du juridique. « Anticonstitutionnellement », 25 lettres dont on rit enfant et qui résume le pilier de notre culture qui se réfère sans cesse à sa loi fondamentale. Et si « intergouvernementalisation », avec 26 lettres, tente de détrôner notre madeleine de Proust linguistique, le champ lexical reste celui de la démocratie.

Or, depuis quelque temps, la remise en cause de l'État de droit démontre aussi la fragilité de l'état *du* droit. Souvent par intimidation, nous nous détournons de la règle, donc de certains mots pourtant consacrés par la Constitution. Or, ces mots sont le socle commun sur lequel repose notre culture démocratique. Leur valeur tient au fait qu'ils offrent du sens et toute la liberté pour bâtir une société de justice et d'émancipation.

Il faut alors le redire, les mots « citoyen », « laïcité », « droits et devoirs » et « fraternité » sont les fondements de notre existence française. Nous ne sommes pas des individus isolés, nous sommes des citoyens responsables donc actifs envers une société partagée. Nos droits et libertés nous protègent, tandis que nos devoirs ont pour but de consolider l'unité. Ensuite, dans cette période de radicalisation où l'on entend tout et n'importe quoi, la laïcité protège l'intimité de croire ou de ne pas croire, préservant la sphère publique du religieux pour être partagée par tous. C'est alors par la puissance de ces mots et de leur mise en œuvre que nous sommes liés en fraternité. Ainsi, une question se pose. Pourquoi ces mots n'ont-ils plus la cote, alors qu'ils sont la condition même de notre existence ?

L'urgence d'un rendez-vous avec notre citoyenneté

« Je suis l'un de ces démocrates qui croient que le but de la démocratie est de faire accéder chaque homme à la noblesse », affirmait déjà Romain Gary en 1969 dans *Chien blanc.*

Traiter de la crise politique actuelle, c'est surtout évoquer celle du régime démocratique, celle de l'État de droit, des institutions, de l'autorité ou du dysfonctionnement des services publics. Or, la citoyenneté est la clef de l'ensemble de ces maux.

Fragilisant notre société pour le court et le long terme, la remise en cause insidieuse de la notion de « citoyen » par le citoyen lui-même doit nous alerter. Quelle mouche a donc piqué ce citoyen pour faire le choix de se tirer une telle balle dans le pied ? Sans citoyenneté, la fracture de notre société est assurée, rendant difficile la mise en œuvre de notre devise républicaine mais aussi du principe de laïcité. Enfin, en se détournant de notre citoyenneté, ce sont les principes d'émancipation révolutionnaires autant que les richesses des Lumières qui s'éteignent peu à peu.

La réforme des retraites et le triste théâtre auquel toutes les générations ont pu assister à l'Assemblée nationale depuis 2022 révèlent une citoyenneté malade. Or, pour rappel, la lettre constitutionnelle s'ouvre sur un préambule magistral qu'est la Déclaration des droits de l'homme et du *citoyen*. Et si certains de nos représentants dénigrent le citoyen, il faut saluer ces personnalités de la société civile, membres d'associations, de médias, qui prennent des positions fortes sur le front de la citoyenneté. Sans le sentiment de citoyenneté, la violence, les insultes, la volonté de vengeance sont désormais à tous les coins de rue et plus encore dans les territoires perdus du numérique. On s'en prend aux élus, aux représentants de la nation ; pire, certains de nos représentants s'en prennent à leurs pairs, sans le savoir, en dénigrant ce qui fait nation. Faire fi de la citoyenneté, c'est tuer notre unité, tout simplement.

Résultat des courses, dans cette tour de Babel, tout dialogue est impossible. Il faut rayer l'autre de la carte, humilier toute parole qui chercherait, loin de l'idéologie, à trouver des solutions réparatrices à notre société en mutation.

Nous l'avons déjà dit, dans cette stratégie de disqualification des citoyens par les citoyens, l'outil le plus utilisé ces derniers mois est la réhabilitation habile d'une forme de privilège via l'essentialisme qu'est la victimocratie. Mais si un sentiment d'impuissance ou de lassitude nous anime, il n'est jamais trop tard pour réhabiliter la citoyenneté. Face à ces fléaux paresseux, car il est beaucoup plus facile de se laisser aller à la violence, aux revendications, de disqualifier, de culpabiliser et d'intriguer dans l'ombre plutôt que de construire, l'action est possible.

Il s'agit d'abord du renforcement des institutions et de l'autorité. Mais tout cela ne peut se faire sans une vraie politique de lutte contre les inégalités économiques, sociales, territoriales et culturelles. Les inégalités nourrissent des frustrations génératrices de violence et de haine. Une politique de lutte contre toutes les formes de discrimination forte est impérieuse. Celle-ci doit se faire en expliquant, en éduquant, en sensibilisant par des projets concrets qui permettent aux humanités de s'exprimer et d'entrer en relation.

Mais la question de l'égalité des droits et de sa mise en œuvre convoque d'abord et avant tout la *méritocratie*. Contrairement à la victimocratie, le goût de l'effort, l'acceptation, aussi, de la frustration doivent être mis au centre de l'éducation pour élever nos enfants en responsabilité. En effet, il ne s'agit pas de faire de la citoyenneté un étendard ou un slogan. Il s'agit d'avoir une parole juste et une pédagogie précise pour nos plus jeunes. La clef de voûte d'une citoyenneté éclairée, c'est l'école de la République. C'est dès la maternelle qu'il est important de comprendre en profondeur le trésor qu'est la citoyenneté pour l'expression, le dialogue et l'émancipation. La citoyenneté est un langage. Elle doit s'apprendre dans le même mouvement que la lecture, l'écriture et les mathématiques, les cours de musique et de danse. Pilier de la construction individuelle, elle fait partie des savoirs fondamentaux. Par l'éducation, les plus jeunes se forment au discernement et deviennent ainsi des citoyens complets.

Enfin, nous savons que les parents jouent un rôle clef en amont. Mais pour régler cette violence à la racine, ne jamais oublier, comme le dit ce proverbe africain, que « pour élever un enfant, il faut tout un village ».

Défendre notre citoyenneté nécessite de ne pas flancher aux moindres intimidations de ceux qui, à court d'arguments, traiteront même la Constitution d'inconstitutionnelle et nos fondamentaux d'extrême droite. La citoyenneté, ce n'est pas être à la mode. La citoyenneté, ce n'est pas augmenter son nombre de followers sur les réseaux sociaux. La citoyenneté et les Lumières, ce n'est ni faire un chèque à notre jeunesse ni la caresser dans le sens du poil, mais lui transmettre avec rigueur une richesse immatérielle permettant son émancipation par le dialogue de tous avec tous. La citoyenneté est une lame de fond impérieuse pour vivre, main dans la main, sur un même territoire et faire front face aux enjeux économiques, sociaux, environnementaux et culturels en présence, malgré nos divergences politiques.

Nous ne sommes pas un peuple ethnique. Nous ne sommes pas un peuple religieux. Nous sommes un peuple indivisible, ce qui exige de prendre urgemment rendez-vous avec la citoyenneté. Il s'agit d'un engagement envers notre langue, notre culture, nos coutumes, nos lois et nos principes fondamentaux. Nous sommes un peuple politique fondé autour d'un socle commun qui nous révèle à nous-mêmes, parce que nous sommes un peuple fait de droits et de devoirs.

Un langage républicain fait de droits et de devoirs

Dans notre monde vivant sur les battements des algorithmes gargarisant nos ego, nous sommes passés des droits individuels à la quête de droits individualistes. Comme si, au fond, la République pouvait se vivre en distanciel. L'accomplissement personnel avant tout, dont le droit à la paresse, par exemple, pervertit peu à peu la notion conjuguée de droits et de libertés. Si les droits sont l'incarnation de notre intégrité et de notre dignité, ils ne peuvent à eux seuls bâtir une société solide. Dès lors, nous avons à endosser des devoirs envers nos concitoyens ! « Simple et basique », cette idée n'est pourtant plus acceptée, même dans des cas d'urgence impérieuse. La période de lutte contre le Covid a révélé cet état d'esprit où certains citoyens et certains élus se sont détournés de la nécessité du collectif, même pour des raisons de sécurité publique. Pour eux, il ne fallait rien concéder à la liberté d'aller et venir, quitte à permettre au virus de circuler allégrement.

Voilà comment les adultes transmettent aux jeunes une forme de toute-puissance où l'autorité n'a plus de poids. En effet, sur cette base, pourquoi l'élève apprendrait-il ses leçons ? N'a-t-il pas le droit à l'oisiveté ? Mieux, pourquoi sa capacité à ne rien faire n'est pas valorisée ? Or, les droits ne sont rien sans les devoirs. La grandeur de l'être humain réside précisément dans cette capacité à intégrer l'autre dans sa manière de vivre, donc, comme le disait Camus, de « s'empêcher ». Si les devoirs ont mauvaise presse, ils sont, pourtant, la clef de voûte d'une communauté, de sa cohésion, de son unité, de sa justice et de son équité.

Pourtant, l'extrême gauche aime à considérer, dans son OPA sur l'antiracisme, que certaines catégories de population auraient moins de devoirs que d'autres. Au regard de leur histoire, de leur parcours, de leur couleur de peau, de leur religion et autres, qu'importent les faits, c'est la loi qui aurait, pour le coup, le devoir de s'arranger. Ainsi, certains individus sont définitivement non coupables. Ce qui donne *in fine* une indignation à géométrie variable. Des émeutes pour la mort de Nahel à la suite d'une intervention de la police, un silence pour celle de Socayna, 24 ans, tuée par une balle perdue alors qu'elle était en train de réviser dans sa chambre située non loin d'un point de deal. L'irresponsabilité juridique n'est-elle pas une étrange manière de voir la lutte contre les discriminations par l'infantilisation ? L'extrême droite, elle, avec sa préférence nationale, pourrait allégrement considérer que l'étranger a plus de devoirs que de droits. L'une et l'autre de ces visions malmènent la lettre de la Constitution.

Chaque droit s'accompagne d'une responsabilité et toute liberté intègre une limite : le respect de la liberté des autres. De la même manière, le droit de participer à la démocratie, le droit de se présenter à une élection, par exemple, s'accompagne d'un devoir de s'engager dans la compréhension d'une fonction électorale, de la société et du monde. Cela nous aiderait, d'ailleurs, si les devoirs étaient plus intégrés par certains de nos représentants, ils éviteraient, ainsi, d'arriver à l'Assemblée en short ! « Droits et devoirs » est une balance trop peu reconnue, une sorte d'incomprise de la République. Pourtant, dès 1795, les constituants, dans un souci de maintien de l'ordre, intègrent des devoirs à la Déclaration des droits de l'homme. L'article 4 dispose ainsi que « nul n'est bon citoyen, s'il n'est un bon père, bon frère, bon ami, bon époux ». De quoi donner du grain à moudre à Sandrine Rousseau… Mais outre les atermoiements sur le sexisme, avant de donner des leçons pour la société, « balaie devant ta porte ! » nous dit le texte. Et si la Déclaration des droits et des devoirs est souvent considérée comme réactionnaire, les débats autour de ce texte ont contribué vivement à l'élaboration de l'équilibre qu'est le droit constitutionnel.

C'est de la conjugaison entre droits et devoirs que naît l'incarnation de notre civilisation. Or, les droits sont célébrés mais les devoirs dénigrés. Et c'est parce qu'ils ont du mal à être appréhendés de concert que la société se déchire, aujourd'hui, à la simple évocation de la « laïcité ».

La laïcité en majesté

C'est l'un des mots les plus étranges de la Constitution. Son tréma la ferait presque passer pour une étrangère. Or, la laïcité est si française qu'elle est intraduisible dans d'autres langues. Elle a façonné notre identité depuis plus d'un siècle en incarnant la séparation fondamentale entre les Églises et l'État, une distinction qui garantit la liberté de conscience, de croyance ou d'incroyance pour tous les citoyens. Or, les tensions communautaires, le fragile dialogue interreligieux et l'absence d'un islam de France entachent aujourd'hui ce trésor qu'est la laïcité.

La laïcité est prise d'assaut. Elle est désormais disqualifiée, humiliée, souillée. La Journée de la laïcité est souvent malmenée dans les collèges et les lycées. L'interdiction de l'abaya au sein de l'école de la République au nom de la laïcité a été perçue comme une discrimination.

Mais l'épisode le plus marquant qui illustre, au fond, toutes les haines contre elle s'est produit le 8 décembre 2023, le premier soir de Hanouka, lors de la remise du prix de la lutte contre l'antisémitisme au président de la République. Beaucoup de rabbins étaient alors à l'Élysée, dont Haïm Korsia. Dans un contexte douloureux d'antisémitisme, suite au 7 octobre, le grand rabbin a allumé la première bougie de Hanouka, comme un symbole de la victoire de la lumière sur l'obscurantisme. Or, à la minute où l'allumette a craqué, une déferlante de haine s'est déployée sur les réseaux. Les uns confondant laïcité et athéisme, les autres amalgamant laïcité et privilège juif[1], les derniers offensés percevant la laïcité comme une discrimination islamophobe. Aujourd'hui, la bataille islamo-gauchiste contre l'islamophobie instrumentalise la laïcité et nous fragilise. À la faire passer pour une offense, une valeur d'extrême droite, un principe raciste, voire le diable, l'extrême gauche nous désarme. Or, la laïcité n'est pas une cible, ni un cheval de Troie, ni une arme à pointer contre l'autre, c'est un bouclier de la République contre le fanatisme religieux. Consacrée par la loi de 1905, la laïcité est, au contraire, le principe le plus antiraciste jamais édicté. Elle assure l'égalité devant la loi quelles que soient sa confession, ses croyances ou non-croyances. Mais pour la porter face à la meute, encore faut-il prendre ses responsabilités !

1. La religion juive prévoyant, en elle-même, le droit de croire et de ne pas croire.

Aujourd'hui, nous assistons à ce drame où la laïcité est mise à l'épreuve. Les débats sur l'abaya, les pratiques religieuses de rue, les questions de burkini et les attentats pour cause de liberté d'expression révèlent des tensions inquiétantes. Outre l'histoire, le patrimoine, les fondamentaux, la haine de la laïcité montre en creux que cette notion complexe n'a été transmise qu'au travers de dogme anti-français sous l'impulsion de différents canaux : réseaux sociaux, médias étrangers, quartiers, associations sportives ou culturelles pourtant financées par des fonds publics. C'est ainsi que ceux qui se battent chaque jour pour nous rappeler nos principes fondamentaux et la richesse que constitue notre État de droit par la laïcité, dans les pas de Robert et Élisabeth Badinter, sont traités d'extrême droite dans un seul objectif : les faire taire alors que leur parole nous protège.

Dans ce peuple de mélange qu'est la France, la laïcité nous dit que c'est précisément ensemble que nous pouvons, devons, tenir debout. Les racialistes et essentialistes n'ont toujours pas compris que nos origines viennent des penseurs de la laïcité : Voltaire, Hugo, Clemenceau, Briand et autres combattants de la liberté des Lumières.

La laïcité n'est pas négociable philosophiquement, ou politiquement. Sans elle, nous ne pouvons ni nous réparer, ni créer, ni avancer dans ce que l'humain a à bâtir pour la dignité, pour la construction d'une société solide et unie. Une société démocratique donc civilisée n'est plus si une religion souhaite des privilèges. C'est parce que nous ne faisons pas d'amalgame, justement, que nous devons protéger les musulmans de l'instrumentalisation islamiste. Les Français musulmans ne sont pas les fusibles d'une idéologie morbide, c'est pour cela que la France se lève. Rapporteur de la loi de séparation des Églises et de l'État, Aristide Briand s'est battu pour concevoir, « dans un esprit de tolérance et d'équité », un projet pour la liberté de conscience.

Ma mère est juive polonaise, cachée pendant la guerre, mon père sénégalais et gambien, de culture animiste, catholique par ma grand-mère suite à l'évangélisation, musulman par l'esclavage arabo-musulman et l'islamisation par mon grand-père. C'est pour cela que je n'aurais pas pu naître ailleurs qu'en France. La laïcité a permis ma naissance. Heurtée par les chaos du monde, c'est grâce aux principes de la République que je peux vivre, que nous pouvons vivre et exister et que nous sommes ce peuple si particulier aux récits internationaux et pourtant 100 % français grâce à notre socle commun que sont notre citoyenneté et notre laïcité. Celle-ci permet de faire de nos identités et de nos croyances non des prisons, non des identités carcérales mais un infini, ouvert au monde et aux autres. La laïcité n'est pas une opinion, c'est un combat. La laïcité permet aussi l'existentialisme, donc nous libère des cases identitaires qui empêchent l'égalité et la liberté. Elle nous offre de nous réparer, de nous protéger en nous battant, main dans la main, quelles que soient nos croyances, nos origines, notre couleur de peau. S'il n'y avait pas notre liberté de conscience et de création, je ne pourrais pas écrire ce livre, ni *Racée*, ni tenter de tracer quelque chose dans le récit de notre fraternité.

La fraternité comme repère

La fraternité est aujourd'hui largement démonétisée. Pourquoi ? Parce que c'est un travail de chaque jour. Corollaire à la mise en œuvre de l'égalité des droits et des devoirs, aucun de nos nouveaux défis – environnemental, migratoire, contre les pandémies – dans ce monde en mutation ne pourra être enjambé sans la fraternité. Un mot consacré par notre Constitution, mais que l'on n'ose plus nommer, puisque solidarité ou empathie l'ont remplacé.

Pourquoi ? Parce que la fraternité est liée à l'intime.

L'intimité est un cadre, une limite, une frontière, une zone de pudeur qui crée le désir d'altérité dans sa présence ou son absence. Elle flirte avec le secret, le respect et provoque l'admiration par la préservation du mystère malgré les réseaux sociaux. L'intimité contient en elle un oxymore, un paradoxe, une contradiction pourtant cohérente. Profondément inscrite dans la sphère privée, elle révèle un aspect résolument laïque et fraternel. Il n'y a pas d'intimité si l'autre n'existe pas. C'est donc dans l'intimité que se trouve ce désir ultime de fraternité, de s'unir, de devenir « indivisible », inscrit dans la Constitution. Selon l'article 1 de la Déclaration des droits de l'homme de 1948, « tous les êtres humains naissent libres et égaux en droits. Ils sont doués de raison et de conscience et doivent agir les uns envers les autres dans un esprit de fraternité ». L'égalité est ainsi posée. La loi doit être la même pour tous sans distinction de naissance ou de condition. La liberté, elle, réside dans tout ce qui ne nuit pas à autrui. Ses limites ne peuvent être définies que par la loi. Jusqu'ici tout va bien.

Mais pour atteindre la fraternité, ne manque-t-il pas une marche ? Le texte de 1948 est ferme et semble décréter la fraternité, notamment par l'impératif « doivent agir ». Or, pour être honnête, c'est compliqué avec des gens que l'on ne connaît pas. Avec sa famille, ça va, mais avec des « étrangers » la fraternité ne peut être imposée, ce n'est pas vrai...

Certes, nous avons en tant que citoyens du même pays des causes communes, une obligation morale de nous lever contre tout assaillant, un droit à la résistance, etc. Mais entre nous, le ciment qui créera l'unité fraternelle réelle ne peut venir uniquement d'un texte, dans la mesure où c'est un sentiment indomptable. La clef, c'est l'intimité. Seules sa prise de conscience et sa préservation peuvent créer un lien profond. Parce que protectrice de chacun, elle engendre « l'esprit » fraternel.

La fraternité transcende les barrières de la race, de la religion et de la culture. C'est une acceptation inconditionnelle de l'autre. C'est la main tendue, le sourire offert, la compassion partagée, un strapontin qu'on laisse en l'heure de pointe, c'est le fil tissé dans la rame du RER pour donner une pièce et dans la trame de notre existence, reliant chaque individu pour former le tissu vivant de notre pays. La fraternité est une exigence de la lettre constitutionnelle à rappeler sans cesse. Et, alors que l'ombre de la déchirure nous guette, l'esprit de la Constitution s'y ajoute comme un talisman.

L'esprit de la République

Esprit, es-tu là ? C'est la question fondamentale qui se pose. L'esprit républicain habite-t-il encore nos élus et nos élites ? N'en déplaise aux racistes, racialistes, individualistes décomplexés par les États-Unis, aux Robespierre, Malcom X et Gengis Khan en herbe, offensés d'être nés trop tard, notre loi fondamentale est humaniste et universaliste.

Les principes de l'histoire de France – les fondamentaux constitutionnels, *La Marseillaise*, Marianne, le drapeau, le coq[1], nos emblèmes et bien évidemment notre devise –, même s'ils ont connu des mutations, dessinent avec densité l'esprit de la République française. Par notre patrimoine matériel et immatériel, par un texte à lire, une mélodie à chanter, mais aussi une imagerie singulière ornée des couleurs bleu, blanc, rouge, c'est l'âme de notre pays qui irrigue encore notre terre jusqu'au cœur de

---

1. Le coq au clocher des églises est le symbole du passage des ténèbres vers la lumière. Le coq républicain est né d'un jeu de mots latin, *gallus* voulant dire à la fois « coq » et « gaulois ».

la France. C'est un souffle de liberté, autant que la recherche d'une concorde qui transcende les différences sans les gommer. C'est une mosaïque composée de citoyens égaux en dignité et en droits. C'est un contrat autant qu'un rêve de démocratie où la loi encadre et protège de nous-mêmes. C'est enfin une confiance autant qu'une célébration de l'esprit humain.

Alors, on attend de ce dernier non pas l'excès mais la droiture sur la ligne de crête qu'impose l'esprit républicain. Une marche difficile et qui prend du temps parce qu'elle souhaite la paix sans jamais perdre ni son humeur ni son humour.

Marchons, marchons sur une ligne de crête

« Dans la politique et dans la vie, les demimesures et les hypocrisies font toujours plus de mal que les décisions nettes et énergiques », écrivait Stefan Zweig.

Faire preuve de nuance, c'est avoir le cuir dur et des plumes de canard sur lesquelles glissent les insultes et autres humiliations. La nuance est une exigence difficile qui convoque un effort certain. C'est d'ailleurs parce que la ligne est ténue que les lâches sous pseudo agissant en meute s'en prennent surtout à toutes celles et tous ceux qui bataillent sur ce fil de Marianne. Dans notre monde de clics où l'excès protège des avalanches de trolls et des amalgames, la nuance est en voie de disparition. Or, tenir une ligne de crête permet de ne pas tomber dans l'abîme extrémiste. Au contraire, cela autorise la distinction entre les ennemis de la République et ceux qui tout en ayant des opinions différentes en partagent ses valeurs. La nuance est un antidote aux polarisations sans retour possible au dialogue démocratique, qui empêchent de faire un à jamais. La nuance, ce ne sont pas des hashtags, ni des slogans prémâchés, pré-pensés. Elle permet d'embrasser une complexité pour recoudre une société éperdument déchirée. Donc, plus nous nous entraînons à parler à tous, plus notre esprit se forge comme une lame à la nuance.

Or, c'est cette ligne de crête, celle qui résiste aux sirènes de la radicalisation, qui est mise à mal. Pourtant, c'est cette manière d'être et de vivre sa citoyenneté qu'il est urgent de transmettre à nos plus jeunes. La liberté, l'égalité, la fraternité, la laïcité, la démocratie et la République ne sont pas des notions anodines. Les comprendre, c'est intégrer qu'elles se conjuguent, qu'elles s'amalgament, justement (!), pour donner des couleurs infiniment singulières à nos parcours. Ces notions ne se décrètent pas, elles s'apprennent au même titre que les savoirs fondamentaux. Ce n'est qu'avec cette complexité que les citoyens éclairés deviendront les gardiens de cette République. Ce n'est que par ce chemin-là que la santé de notre société démocratique ira mieux. Or, la ligne de crête, par le respect des droits et des devoirs de chacun, est l'ennemi de la concurrence des victimes. Elle remplace la confrontation par le dialogue, l'affrontement interpersonnel par une bataille face aux défis du monde. Après le 7 octobre, la France a assisté à l'explosion d'un antisémitisme débridé, dans la rue, dans les facs, qui a entraîné un judaïsme clandestin avec changements de noms sur les boîtes aux lettres ou sur les applications de VTC. Que la marche contre l'antisémitisme ait pu être assimilée à une marche islamophobe est une injure profonde à cet idéal républicain.

Cet idéal, difficile à atteindre, n'en faisons pas non plus une montagne. Nous humains, nous allons sur la Lune, alors nous en sommes capables. De toute façon, nous n'avons plus le choix, car la ligne de crête est la condition *sine qua non* de l'ascension vers la paix.

Foutez-nous la paix !

La recherche de la paix est une guerre constante contre nous-mêmes et nos bas instincts. Si elle hante l'âme humaine, elle n'est pas une revendication qui permet de se racheter une bonne conscience. La paix est une bataille. Elle a un prix, celui du combat et du clivage s'il le faut. On ne fait pas la paix avec des barbares – à ce titre, le fait que Salman Rushdie n'ait toujours pas reçu le prix Nobel de la paix est une anomalie de l'histoire !

Aussi, la paix étant intimement liée à la civilisation, à nos valeurs démocratiques de liberté et de tranquillité, s'en prendre à la police, sous des bannières « la police tue », est une atteinte profonde à ce que nous avons de plus précieux et à l'esprit républicain. Et, puisqu'il faut faire des slogans pour être entendu : on ne fait pas la guerre aux gardiens de la paix !

La paix n'est pas une quête solitaire, c'est un effort collectif. Dès lors, il est aisé de dire que tous ceux qui s'amusent à nourrir les divisions, sur fond de névroses sociales, ne souhaitent en réalité que le chaos. Guerre en Ukraine, situation en Afghanistan, en Iran, en Haïti, au Soudan, en Arménie, au Mali, en Israël, tous les continents sont touchés par l'inhumanité, faisant des milliers et des milliers de victimes, on l'a dit.

Pour nous qui restons en vie, en France, et avec notre volonté de paix et la liberté chevillée au corps, nous ne pouvons détourner le regard. Nous devons être conscients que l'esprit de nos lois est l'arme la plus noble vers cet idéal. Mais pour reprendre les mots de Schuman sur l'Europe, la paix « ne se fera pas d'un coup, non plus... elle se fera par des réalisations concrètes, créant d'abord une solidarité de fait », et je veux ajouter « une fraternité » de fait. Nous avons cette responsabilité de femmes, d'hommes, de citoyens de faire la paix.

En écho, il y a la logique de développement durable. Il s'agit « d'un développement qui répond aux besoins présents sans compromettre la capacité des générations futures à satisfaire les leurs ». Pour cela, il existe 4 piliers, économique, social, environnemental et culturel, mais tous doivent permettre des interactions positives pour une seule chose : la paix durable. Il n'existe pas de « principe de précaution » sans le courage de la paix durable. Et si la paix est un impératif qui transcende les frontières, ce combat prend naissance ici. Or la haine et la discorde, si séduisantes, ajoutent ici de la violence aux guerres mondiales.

C'est ainsi que pour faire taire les haineux, les racialistes victimaires, il est impératif d'exiger l'égalité devant la loi et de répondre à la revendication de justice pour ne laisser aucune prise à ceux qui instrumentalisent les discriminations pour ouvrir les portes à toutes formes d'ingérence désastreuses pour la paix. La paix, c'est refuser de se laisser aller à l'escalade de violences numériques ou physiques. Et parce qu'elle est fragile, elle nécessite un socle solide sur lequel peut s'élever une société juste. La paix, c'est refuser les préjugés, nos peurs pour construire des liens solides en confiance. Dans ce monde bousculé, nous avons toutes les clefs pour offrir au monde, et à nous-mêmes, les forces de la sérénité. Mais cette voie est un travail au long cours. Pour installer la paix, même dans l'urgence, nous devons être des coureurs de fond. Le temps est notre meilleur allié.

Le temps comme meilleur ami

Avant, il y avait le temps présent, passé, futur, le temps de l'étude, celui de la mémoire et du souvenir, le temps de l'oubli, du deuil, du sens de la fête et le temps du repos. Ces rythmes essentiels, comme des battements qui font la vie, ont été bousculés par le temps du confinement, du déconfinement, du reconfinement, le temps du couvre-feu à 21 heures ou 18 heures, le fameux « temps long » de nos solitudes, le temps de nos amours déçues, de nos rencontres libres, le temps du jetable, celui du buzz et même du bad buzz et de son nom en tendance pas plus de 2, 3 jours, celui en parallèle de l'attente insoutenable de la libération des otages. Nos repères spatio-temporels sont bouleversés.

Conséquence, sans maître des horloges, mais forts de notre horloge biologique, nous résistons à ces changements dans une forme de recherche du temps perdu au milieu des drames planétaires où règne un monde à l'envers. Des écrans qui rapprochent, une sphère privée d'intérêt public, des États souverains qui craignent le peuple. Les lois inversées, c'est recommencer à parler à ses voisins alors qu'on les avait oubliés depuis 1940.

Mais... les lois inversées, ce sont aussi des drames qui peuvent, paradoxalement, nous sauver, c'est une pandémie qui détient en elle une possibilité de recoudre ce qui s'est déchiré dans notre humanité, c'est une guerre révélatrice de l'antisémitisme et qui concrétise toutes nos intuitions sur l'état d'une France qui désormais se cherche. C'est comprendre contre quoi nous avons à nous battre. Sans puissance, sans créativité, sans imagination, sans regarder les dimensions multiples du réel, sans penser nos responsabilités tout au fond, en embrassant les lois inversées, nous n'y arriverons pas. Il n'y a pas de monde d'après, nous devons faire avec celui-là et cela va prendre du temps. Au moins une génération, soit vingt-cinq ans, il faut le savoir et tenir le cap !

Dans notre République, le temps est en sous-texte une notion sacrée. Mais les citoyens sont invités à se situer, à réfléchir, à se souvenir et à célébrer. Les années civiles se suivent et ne se ressemblent pas, et chaque cycle est une opportunité pour avancer debout. En effet, le temps dans une perspective de mémoire et de transmission est un atout majeur à intégrer dans nos combats, pour accomplir nos devoirs, pour comprendre les leçons de l'histoire.

Contre l'immédiateté, l'impulsion et nos caprices, le temps permet d'endosser une responsabilité, une conscience nécessaire pour une action juste et pensée. Le temps relie aussi les générations passées, présentes et futures dans un héritage national.

Si nous avons le sentiment que le temps nous échappe, il permet, pourtant, photographie jaunie en tête, d'envisager un présent qui corresponde à nos rêves. Alors, oui, patience et persévérance sont des données à intégrer pour remplir une mission républicaine, et ce malgré l'ambiance de satisfaction immédiate.

Rome ne s'est pas construite en un jour, la République non plus. Le temps nous permet de nous interroger sur notre place dans le monde et, pas à pas, de nous accomplir. Il est le changement. Il est la continuité. Il est « une valse à mille temps » qui peut-être prend le temps, mais qui seul peut porter des fruits dans l'œuvre qu'est la République. Cette mission besogneuse ne peut s'accomplir sans la préservation ni de notre humeur ni de notre humour, ancrés dans notre humanisme.

L'humanisme

Les influenceurs de haine crachent sur l'humanisme. Convaincus que ce qui nous rapproche est plus important que ce qui nous sépare, nous sommes, alors, quelques-uns à le marteler. Mais, à force de dire et de redire ce mot, il semble que l'on oublie son sens. Au regard des mutations et autres crises mondiales, se pose, en réalité, la question d'un nouvel humanisme qui mérite de retrouver sa force. Nous devons, dans la ligne de notre héritage, le remettre au centre pour l'épanouissement de l'homme, par la connaissance, la science, l'art et la culture.

L'humanisme est précieux car il détruit les prisons identitaires, les cases, les castes, les assignations, les déterminismes par les capacités de dialogue, de discernement, de nuances que permettent les mots, ce vocabulaire qui s'enrichit à l'école de la République pour faire taire la violence. L'humanisme, c'est la conviction profonde que chaque être humain porte en lui une étincelle, une lumière unique qui nous fait grandir. C'est aussi un art qui permet de se mettre à la place de l'autre, de partager le fardeau des douleurs, et la force de se relever ensemble. L'humanisme est une étreinte, un geste de fraternité. Pour cela, l'humanisme est à la fois la clef et la porte qui se débloque. C'est une invitation à ouvrir nos esprits, à écouter les voix de ceux que nous n'entendons pas, à lutter pour la justice et l'égalité sans buzz… L'humanisme, c'est l'appréciation de nos expériences, de nos histoires, de nos cultures pour en faire un récit commun. C'est la volonté de bâtir des ponts plutôt que des cloisons, de cultiver la tolérance plutôt que la haine, de nourrir l'espoir plutôt que la mort, et d'avoir un humour qui fait réellement rire…

L'humanisme qui réside en chacun de nous est une capacité à conduire toute situation vers une réparation face aux ténèbres les plus profondes. Loin d'un discours naïf, ce nouvel humanisme doit être une méthode qui s'attaque, notamment, aux réseaux sociaux, cette haine en 280 caractères, ou plus si vous êtes certifiés (!), celle qui jouit de l'outrage et qui plante aujourd'hui les graines du séparatisme, de la division, de la ségrégation, de l'idéologie de la race pure d'extrême droite ou du racialisme tout-puissant par la victimisation d'extrême gauche. Reprises par les influenceurs, récompensées par les algorithmes via les followers, les divisions, les oppositions faites de raccourcis imbibent de haine notre monde virtuel et jusque dans la rue.

Dès lors, l'humanisme doit s'attaquer à un trépied : le populisme, la disqualification, l'intimidation. Le populisme est une guerre contre le réel, donc contre la connaissance. La disqualification lutte contre l'humanisme en usant allégrement de la victimocratie et du monopole de la souffrance. En effet, ceux qui détiennent la souffrance désignent tous les autres, et notamment les humanistes, comme des nazis ! Voilà l'intimidation, puisqu'en les ciblant comme étant du mauvais côté, toute violence à leur endroit est permise et le combat pour l'unité se tait.

Résultat de cette triologie, l'école est en difficulté, la connaissance serait une domination, les livres doivent être nettoyés, notamment par les *sensitivity readers* qui traquent tous mots, expressions, opinions, descriptions...

susceptibles d'offenser les uns ou les autres[1]. Les victimocrates sont non coupables, donc rendent possibles les pires horreurs entourées de rires gras.

Dans ce terrorisme intellectuel, qui fait de la race, du sexe ou de la religion un totem d'immunité, aucun dialogue, aucune controverse n'est possible, le tribunal populaire et sa meute guettent. Et toute émancipation est une trahison. Si votre couleur de peau est le signe d'origines africaines, elle appartient au camp de la vengeance, celui de la haine des institutions et des Lumières. En captivité ! Drôle d'affranchissement pour ceux qui militent contre la colonisation et l'esclavage passé. L'humanisme, c'est l'inverse. Elle est là, l'inversion délétère de nos valeurs par des manœuvres perverses.

Pour redonner de la puissance à l'humanisme face à ces méthodes inhumaines, il ne faut plus jamais se taire, ne jamais cesser de faire savoir, ne jamais cesser d'écrire, ne jamais cesser d'apprendre. Si Romain Gary

1. Dans *Livres Hebdo*, l'avocat Emmanuel Pierrat raconte qu'une autrice de polar se serait vu conseiller, par son éditeur assisté d'un *sensitivity reader*, de ne pas utiliser les adjectifs « estropié » et « difforme » à propos… d'un chien qui avait perdu une patte. Un tel vocabulaire aurait pu offenser des lecteurs handicapés… (Emmanuel Pierrat, « Les “Sensitivity Readers” et l'édition française », *Livres Hebdo*, 13 septembre 2021).

chérissait les pseudos littéraires, il le faisait avec élégance, avec humanité et sans jamais déranger personne. Aujourd'hui, le pseudo permet l'outrage. S'ajoutent à cela les petits écrans qui font croire, via ChatGPT et autres intelligences artificielles, qu'ils savent mieux que nous refaire le monde.

Redonner de la force à l'humanisme, c'est hiérarchiser en remettant l'émancipation humaine au centre. Le nouvel humanisme est en nous. C'est un courage qui se confronte aux enjeux. La lutte contre le terrorisme est une épreuve mondiale. Nous avons besoin d'un droit international du terrorisme qui ne se gargarise pas d'éléments de langage, mais qui prend le sujet de l'islamisme à bras-le-corps. Le vide juridique auquel nous assistons entache en profondeur notre cohésion nationale et internationale. Le Hamas, Daech, le Hezbollah, Boko Haram et autres groupes islamistes usent de leurs ramifications au sein d'associations culturelles et sportives pour disloquer notre ciment humain.

Aussi, si les ricanements sur le pire sont permis, l'humour, lui, est interdit, ce qui questionne notre humanisme par la place qu'occupe le rire dans notre société. Humour juif, grivois, noir, de la dérision ou involontaire, le rire est une bouffée d'air dans le tumulte du monde. Un moyen de prendre de la distance en se moquant de nous-mêmes et de nos propres imperfections. Il s'agit, en somme, de dédramatiser. Or, dans ce monde de l'ego, l'orgueil éteint l'humour, qui pourtant invite à l'humilité et permet de garder à distance les absurdités trop peu masquées. L'humour est une arme humaniste dont *Charlie Hebdo* a fait douloureusement les frais. Et c'est très précisément pour cela, en mémoire de ces artistes tués par le terrorisme islamiste, que nous avons ce devoir de déranger, de choquer dans cette zone de liberté où se trouve la vérité. Comme le disait Gary, à nouveau : « L'humour est une déclaration de dignité, une affirmation de la supériorité de l'homme sur ce qui lui arrive[1]. » Nous devons nous atteler à cela, autant qu'au fléau majeur qu'est l'autocensure.

L'autocensure comme enjeu ultime

L'autocensure est la pire des tyrannies. Face aux hurlements, à la dictature, à l'islamophobie, aux racismes systémiques, nous nous taisons. Voilà tout ! Terrorisés d'être disqualifiés, raillés, humiliés et classés à l'extrême droite, nous

1. Romain Gary, *La Promesse de l'aube*, Gallimard, 1960.

ne sommes plus capables de nous défendre. Brandir la souffrance, la concurrence victimaire, retourner le droit contre ses propres valeurs constitue une méthode perfide de destruction de notre société où les citoyens sont dans l'auto-répression, l'auto-oppression, l'autocensure. En prison avec eux-mêmes ! De plus, les réseaux sociaux, s'ils ne sont pas représentatifs de l'ensemble de la société, impactent et provoquent ce repli des citoyens. La peur est là, bel et bien présente. Si « les idées mènent le monde », nous craignons, désormais, les conséquences de nos pensées et de la moindre parole. Résultat, un monde sans idées va droit dans le mur. À l'ère du conformisme aux indignations débiles, nous savons que pour survivre socialement, professionnellement et même physiquement, nous devons nous taire.

Les attentats islamistes contre *Charlie Hebdo*, Samuel Paty et Dominique Bernard en sont les exemples dramatiques. Plus les moyens de communication existent, plus la France est désormais kidnappée par son propre silence. Une peur confortée par la disparition du courage de l'appareil politique. La République se met alors à genoux, inoffensive. Elle demande même pardon d'avoir su parler un jour. La perversion est totale, à l'heure où l'extrême gauche, motrice majeure de l'autocensure, crie au scandale qu'est l'invisibilisation et à la libération de la parole pour tous.

Or, se taire, c'est la mort de la démocratie.

Lorsque nous nous censurons et retenons nos idées par peur des représailles, nous trahissons notre responsabilité d'homme et de citoyen. L'autocensure est un fléau qui favorise l'oppression, l'injustice et, faute d'avoir les mots, la violence. Le silence tue. Il est complice de cette débandade généralisée, en bandes organisées. Dès lors, nous n'avons plus le droit de nous taire. Nous ne pouvons plus être spectateurs de ce naufrage. Chaque voix qui ne s'exprime pas, chaque action qui néglige ce que nous sommes constitue une trahison. Le silence, ou pire, le fait de ne pas nommer les choses, l'eau tiède verbale, met la République en danger. Il laisse la place à tout ce qui menace nos libertés, nos droits et nos devoirs.

Parce que citoyens, nous avons cet impératif de qualifier toutes les formes de sectarisme, de prendre position contre le séparatisme, le communautarisme, l'antisémitisme, le racisme, la haine qui heurtent notre loi fondamentale, et de résister face à l'obscurantisme et autres ingérences. La République restera debout, si et seulement si elle retrouve l'usage de la parole. Une démocratie est un sanctuaire où la diversité des opinions est encouragée[1], où le dialogue et la pensée critique nous rendent plus humains, où la parole est protégée, hors des réunions en non-mixité, précisément lorsque l'on ne se ressemble pas, mais que nous avons en commun la langue républicaine qui permet d'être en confiance et en liberté avec les siens.

La démocratie dépend de notre capacité à braver cette peur qui elle-même ne dit pas son nom. Comme le soulignait Hannah Arendt, « la liberté n'est pas le pouvoir de faire ce que l'on veut, mais le droit de faire ce que l'on doit[2] ». Notre devoir, en tant qu'êtres pensants, c'est de rendre hommage par les actes à ceux qui sont partis pour avoir fait leur travail d'expression. Dans cette crise culturelle, nous avons à nous battre pour l'art et la création.

Le combat de la liberté d'expression

Il faut les vivre, les silences des uns, le laisser-faire des autres, la dénonciation de ceux qui n'ont pas le courage de parler, la bien-pensance dangereuse qui se rend complice de la terreur.

1. D'où l'importance de la position de l'Arcom, concernant les attaques de RSF contre certains médias, notamment CNews dont la liberté d'expression est pourtant la marque de fabrique.

2. Hannah Arendt, *La Crise de la culture*, Gallimard, coll. « Folio »,1989.

Mes racines sont celles qui refusent les compromis lâches qui appauvrissent la création, faisant passer des influenceurs de haine sur les réseaux sociaux pour des artistes.

Parce que, dans *Racée*, j'ai pris la parole et énoncé les entraves actuelles à l'égalité, à la liberté, à la justice, parce que j'ai souligné que la lutte intersectionnelle avait un problème avec la judéité, les petites musiques dangereuses, les délations et autres complaisances perfides se sont déployées. Pourtant, trois ans plus tard, face au drame qu'est le 7 octobre, le positionnement de certaines universités américaines confirme cette entorse à l'humanisme des racialistes. Parce que j'ai osé énoncer le réel, les dogmes morbides qui assignent et empêchent de vivre l'existence pour ramener à une couleur de peau, les idéologies racialistes, impérialistes et coloniales, car venues des États-Unis, qui nous déchirent et crachent sur ce que nous sommes, j'ai vu un déferlement d'humiliation, de « désolidarisation », qui a ouvert la porte aux pires violences.

Je suis surprise que certains s'étonnent de ce combat que j'ai dans la peau, depuis toujours, pour la démocratie, le droit et liberté. Certains pensent même que j'ai changé ! Un jour, peut-être comprendront-ils qu'ils n'ont voulu regarder de moi que ce qui les intéressait. Dans ce climat délétère, éprouver la liberté d'expression est un souffle qui rappelle que notre République est debout. Repoussant nos propres frontières, elle permet de vivre nos pensées, nos rêves, nos rires, sans chaînes ni entraves. C'est une révolte douce, un refus de se plier à l'ordinaire, aux dogmes, ou en tout cas à la pensée toute faite. Quelle souffrance, en effet, de voir les extrémistes ne pas se rendre compte qu'ils ne pensent plus par eux-mêmes, mais récitent un propos cadenassé par une idéologie.

La liberté d'expression permet de s'envoler vers des contrées inexplorées, vers d'autres que soi, insoupçonnés. C'est à ce titre qu'être sociétaire des *Grosses Têtes* de Laurent Ruquier est une expérience précieuse. Je n'ai *a priori* rien à voir avec un Jean-Marie Bigard, un Sébastien Thoen, un Laurent Baffie ou un Olivier de Kersauson. Pourtant, j'ai tout à voir avec eux dans cet amour de la liberté d'expression que nous partageons puissamment et que nous expérimentons ensemble à notre manière. Après tout, « plus on est debout, plus on rit », disait Balzac. Effectivement, le droit de questionner, de critiquer, de remettre en cause, de rire nous rend vivants. Mais attention, la liberté d'expression ne signifie pas l'impunité pour propager la haine, la diffamation ou l'incitation à la violence. Au contraire, elle nous oblige à faire la distinction entre discours légitime, abus de langage et expressions délicieuses ou délictueuses. Une ligne de crête jouissive, là encore !

Il nous faut l'apprendre et l'aimer, cet équilibre délicat qui peut déranger mais qui fait de nous des hommes dotés de raison. C'est à ce titre que la liberté d'expression doit être défendue, renforcée et constamment rappelée. Car aujourd'hui, d'un droit elle est devenue un devoir. La période la convoque pour tous. Nous devons être les gardiens vigilants de cette liberté sous toutes ses formes, qu'elle soit écrite, dessinée, sportive ou artistique pour offrir à notre République cette matière qui l'incarne. C'est pour cela qu'il est impérieux de transmettre à nos jeunes générations que la liberté d'expression, ce ne sont pas des cris. La liberté d'expression, c'est comprendre que sous le langage, il y a une autre langue en partage. Or, ne pas vivre cette liberté pleinement, c'est perdre un peu de nous-mêmes et de notre nécessaire engagement.

S'engager pour l'engagement

Un sentiment d'abandon nous envahit. Il est fondé. Mais il entraîne aussi un abandon de nous-mêmes. Le désengagement de la politique, de la société et même de notre propre vie nous guette. Les disqualifications en tout genre nous donnent le sentiment de ne pas être légitimes à asseoir notre engagement de citoyen. Dès lors, comme on peut l'entendre au bistro, que l'on pense que « les élections ne servent à rien, tous pourris... » et que l'on choisit l'abstention, notre volonté s'étiole et la démocratie s'essouffle.

L'engagement, c'est prendre appui sur son expérience pour parler, agir et faire pour nous tous, quelles que soient nos origines, nos religions, nos orientations sexuelles. Or, aujourd'hui, si l'engagement est entaché, c'est parce que le désir est souillé par des doctrines contraires à l'universalisme et aux principes fondamentaux qui constituent notre pays.

Dans le contexte actuel où nous ne pouvons plus fléchir, mais réfléchir sur ce qui nous fait hommes, la bataille est de réapprendre nos responsabilités.

Ainsi, si tant d'associations dites antiracistes se détournent du bien commun, sous l'influence d'un entrisme antirépublicain, c'est parce que nous avons cédé la place. Nous avons à nous réinvestir dans le tissu associatif pour changer la donne.

L'engagement, c'est se lever, se dresser pour une mission qui dépasse l'intérêt personnel. C'est un appel à l'action. C'est un acte de persévérance qui surmonte les obstacles, les découragements et les revers. Là encore, le goût de l'effort est essentiel, pour cet idéal qui est de rendre meilleur le monde. L'engagement n'a pas le temps de la révolte, ni du buzz. C'est un visage découvert qui agit sans pseudo parce que l'engagement est une fierté. Sa puissance n'a ainsi d'égale que celle de ses convictions. L'engagement, c'est un legs, un héritage pour le présent et les générations futures qui prouve dans notre époque égotique que nous sommes encore capables d'œuvrer pour le bien commun. Enfin, s'engager avec force, c'est aussi une manière de montrer à nos représentants que nous sommes présents, debout et peut-être, parfois, bien plus qu'eux – même s'ils se revendiquent « à la tâche ». Or, l'engagement est impossible si l'on ne pense qu'à son poste et si l'on ne s'oublie pas. C'est ainsi, comme le disait Camus, qu'en première ligne de l'engagement, il y a ceux qui pensent au sens du sensible, à la création, aux artistes « embarqués dans les galères de leur temps ».

De la culture, de grâce, de la culture !

« Lorsque j'entends le mot culture, je sors mon revolver », affirmait Goebbels. Afin de ne pas reproduire les horreurs de l'histoire, c'est précisément parce que l'on entend les revolvers, aux quatre coins du monde, qu'il faut sortir la culture.

La haine des artistes est le signe d'une société malade. Faire passer les influenceurs des réseaux sociaux, qui n'ont ni les mots ni l'humour, pour des génies est l'indice d'une société en voie de perdition. Loin des racialistes, essentialistes ou démagogues, œuvrant pour garder leur poste, les artistes n'ont pas de couleur de peau. Ils ont comme origine des poèmes, des tableaux, des compositions, des films, toutes les couleurs, tous les livres et tous les mots venus avant eux. Ils ont comme racines les œuvres qui leur donnent envie de créer encore autre chose, qui les transforment, qui nous transforment dans les tremblements du monde. Un artiste n'a pas d'identité fixe, il a une signature en mouvement.

Or, aujourd'hui, la tendance vise à démonétiser la création, l'art et le patrimoine. Tout tend à dénigrer notre culture, pourtant enviée à travers le monde, pour son histoire, pour son élégance, ses valeurs humanistes et universelles, pour son allure sulfureuse, gouailleuse et avant-gardiste. Outre la question de la laïcité, des personnes sont mortes pour avoir porté haut et fort l'art et la culture. Samuel Paty, Dominique Bernard, les dessinateurs de *Charlie Hebdo*, les spectateurs du Bataclan, les jeunes de la rave-party en Israël. Des professeurs vont au lycée la boule au ventre pour avoir osé emmener leurs élèves au musée et leur montrer *Diane et Actéon* du Cavalier d'Arpin qui représente une scène classique avec cinq femmes nues plantureuses. Quelle a été la réponse ? Malgré les drames, nous n'avons aucune politique culturelle consciente des enjeux. Nous assistons à un vide intersidéral, une absence totale de vision à la limite de la décence.

Face au *soft power* victimaire américain, aux tendances islamistes, aux mouvances décoloniales qui tentent, chacun à sa manière, de diluer notre citoyenneté, nous n'avons le droit qu'à un silence en réponse. Or, sans aucune politique culturelle depuis des années, nos représentants ont laissé la possibilité de cracher sur de grands artistes comme Jean Dujardin lors de l'ouverture de la Coupe du monde de rugby ou de les mettre en danger comme Salman Rushdie.

Comme le soulignait déjà Albert Camus, « créer aujourd'hui, c'est créer dangereusement. Toute publication est un acte et cet acte expose aux passions d'un siècle qui ne pardonne rien, la question n'est donc pas de savoir si cela est ou n'est pas dommageable à l'art. La question, pour tous ceux qui ne peuvent pas vivre sans l'art, et ce qu'il signifie, est seulement de savoir comment, parmi les polices de tant d'idéologies, l'étrange liberté de la création reste possible[1] ». Pire, soumises au diktat du « pas de vague », certaines personnalités de la culture sont fières de déclarer avec toute la « bienveillance » qu'il se

1. Albert Camus, *Discours de Suède*, 1957.

doit, que « tout se vaut ». Dès lors, nous vivons cette douloureuse époque où il ne faut plus accorder de valeur ni aux œuvres réelles, ni au beau, ni aux grands artistes à la personnalité forte, de peur d'offenser les autres. Par égalitarisme, tout est l'équivalent de tout et les influenceurs doivent être considérés comme des Prix Nobel de littérature. Après les Simone Signoret, Yves Montand, Gérard Philipe, Léopold Sédar Senghor, Joséphine Baker, j'ai mal à cette gauche qui ne défend ni les artistes ni les siens. Cette gauche paresseuse qui répète des slogans puisque la création peut, désormais, mettre en danger leur carrière.

La politique culturelle, dans un semblant d'action, se résume à faire des chèques pour les jeunes. C'est-à-dire que l'on paye les jeunes pour les supplier de consommer du théâtre. Du chiffre, il faut du chiffre, que l'on pourra afficher fièrement à la prochaine conférence de presse ! Au secours ! Donner l'envie de culture, c'est prendre le temps d'accompagner les jeunes dans les lieux de culture, qu'ils puissent être avec des artistes associés aux écoles, pour leur donner le goût de l'effort qu'est l'œuvre, l'envie de beau, d'esthétique et l'émerveillement[1]. Nous avons besoin d'art, de passion, de désir. Ce sont

1. L'ambition de l'education artistique et culturel (EAC) dans les lycées est un levier essentiel pour la formation des jeunes.

les seules clefs pour faire taire la colère et la violence. Comme le disait Milan Kundera, l'art est « la conscience collective de la continuité historique, le mode de penser et de vivre ». Dans un monde en perte de repères, les artistes sont les législateurs de l'ombre. Ils ne peuvent pas faire autrement que d'être « embarqués » dans des batailles humanistes et universalistes qui sont les matières premières de la création.

La culture, ce n'est pas du budget, des pourcentages et des tableaux Excel. Les dirigeants et le monde diplomatique doivent défendre les artistes, car ce sont eux qui créent des ponts entre nous vers la paix. Lorsque des personnalités, dites artistes, gardent le silence pendant cinq semaines après les pogroms du 7 octobre en Israël pour nous sortir une banderole blanche, c'est que nous avons un sérieux problème d'engagement et de prise de risque artistique. L'ego dans la bonne conscience a gagné. Or « à vaincre sans péril, on triomphe sans gloire ».

Porter l'humanisme, l'universalisme et les principes républicains, c'est avoir de la créativité, un peu de sens politique et du courage. Beaucoup. La culture est abandonnée alors que c'est le socle fondamental de notre société. C'est de l'expérimentation, de la diversité des pratiques et des esthétiques, du maillage territorial, de l'éducation artistique et culturelle que naissent la cohésion et le sentiment d'appartenance à notre République.

Un pays qui ne crée plus n'a plus d'identité, de singularité, donc de puissance : un pays d'eau tiède, un pays en demi-teinte qui ne sait plus prendre de risques, un pays qui a peur de l'autre, donc de lui, est un pays perdu.

Triste évolution d'un pays qui perd son regard parce qu'il y a de moins en moins de choses à voir, un pays malentendant parce qu'il y a de plus en plus d'horreurs à écouter, un pays qui ne caresse plus, mais qui frappe, qui ne parle plus mais qui dénonce, qui ne goûte plus mais qui s'alimente. Sans artistes nous allons, nous humains, nous Français, vers la perte de nos cinq sens. Une République debout, c'est un pays qui continue de rire, de pleurer, de chanter, de danser, d'aimer, de s'émouvoir. Une République debout, c'est une République qui accompagne la grandeur de ce qu'elle est par et pour ses artistes.

Nous ne pouvons pas laisser le pays de la Révolution, de la Déclaration des droits de l'homme et de la Résistance sans art, sans culture ; nous ne pouvons pas le laisser devenir insensible et insensé.

Conclusion

De la fierté

> « Un sac vide tient difficilement debout. »
>
> Benjamin FRANKLIN

Romain Gary disait être le fruit d'un ouvrage collectif. Nous sommes un livre écrit à plusieurs mains, fait de crimes contre l'humanité, mais aussi d'universalisme, d'humanisme et des principes portés par la République. C'est ce livre qui nous permet de tenir debout.

Honte à celles et ceux qui veulent nous diviser pour nous mettre à terre.

Honte à celles et ceux qui jouent les passe-plats à l'international pour affaiblir leur propre pays.

Honte à celles et ceux qui veulent nous mettre à genoux et, par des cabales absurdes, nous faire baisser la tête.

Honte à celles et ceux qui frappent à coups de thèses racialistes et racistes sur la réalité française.

Honte à celles et ceux qui ricanent de la Shoah et qui pourtant sont invités à faire la une de certains journaux pour dire qu'ils combattent l'antisémitisme[1]. Pour information, il faudrait redoubler d'efforts car votre combat fonctionne mal, surtout depuis le 7 octobre où moins de 1 % de la population française est victime, parce que juive, de 60 % de ces actes racistes.

Honte aux intersectionnels qui nous sectionnent.

Honte à celles et ceux qui ne comprennent pas que Kfir Bibas, raflé à neuf mois par le Hamas, est désormais le bébé de l'humanité.

Honte à celles et ceux qui se disent féministes sans avoir un mot sur les viols perpétrés par le Hamas.

Honte à celles et ceux qui crachent sur la police, celle qui nous protège, prête à mourir pour nous.

Honte à celles et ceux qui n'ont comme seul programme que le chaos.

Honte enfin à celles et ceux qui dans ce contexte, alors que le devoir est de se battre pour nos fondamentaux démocratiques et républicains, revendiquent haut et fort de ne pas choisir un camp. En ouvrant, sans rien dire,

1. *L'Humanité* du 23 août 2023 titre sa une « Je combats l'antisémitisme », une citation de l'entretien avec Médine.

les portes de la haine, leur raison est morte sur l'autel de la vanité bien-pensante. Les discours des extrêmes composés de mots à la valeur performative, conjugués aux silences de ces résistants de décembre 1945, entachent notre stabilité, menacent ce que nous sommes, nourrissent nos peurs et font taire notre démocratie.

Or, ma France à moi, l'Afro-yiddish, c'est celle de l'épanouissement, de la liberté de l'espèce humaine, la liberté d'être et de devenir. Parce que notre démocratie est encore debout, je ne peux me résoudre à croire que nous pouvons manquer de courage pour la défendre. Nous ne sommes pas orphelins, cela serait accorder trop de crédit à nos dirigeants. Loin de tout paternalisme, nous sommes responsables de notre République, de ses combats, de ses valeurs, de ses mouvements, de ses symboles et de notre sursaut.

Sans rire, cette fois, nous sommes peut-être des rescapés, mais est-ce une honte ? Être survivants, n'est-ce pas être vivants ? Et c'est une fierté d'être en vie et d'avoir cette possibilité de changer la donne. Nos cicatrices racontent notre persévérance à vivre, justement, et comme le disait Romain Gary encore, « l'humanité m'a offert sa souffrance et je lui ai donné un livre ».

Dès lors, je ne vois pas notre saga collective sans Ali, Nath, Hassan, Annie, David, Cynthia, Patrice, Myassa, Emmanuel, Haïm, Francine,

Ibrahima, Laurence, Philippe, Esther, Damien, sans oublier César et Rosalie. Regardez les noms qui s'affichent dans le répertoire de votre téléphone et vous verrez que l'universalisme s'y trouve. Ainsi, c'est à nous qu'il revient de soigner cette France qui, un jour, nous a unis pour la vie. Lui rendre hommage, s'inscrire sur un chemin pour plus d'égalité, de liberté, de fraternité, de justice, c'est se mettre debout. Je ne laisserai pas faire, ni ne ferai comme si je ne savais pas face à la montée des extrêmes et autres peureux arrogants. On ne laisse pas faire quand on est française, encore moins noire et juive, de culture animiste, catholique et musulmane…

Les clefs sont inscrites depuis toujours dans la lettre et l'esprit républicains. Les leviers d'action, nous les connaissons, eux aussi, ils sont dans tous les rapports, sur tous les bureaux des ministères, et même ceux de toutes les commissions consultatives : une éducation solide, remettre au centre le mérite, réévaluer l'autorité de nos institutions, l'aménagement du territoire, installer un vrai dialogue entre la police et les citoyens, entre les différentes religions, et enfin donner une place incontournable à la culture, ciment de notre état d'esprit.

Malgré les tentatives de déstabilisation, de disqualification, d'humiliation, malgré les volontés de nous rayer de la carte parce que notre démocratie dérange les pires idéologies, nous avons un rendez-vous avec notre fierté d'être européens, d'être français et de vivre notre citoyenneté. Liberté, égalité, fraternité, fierté ! voilà notre devise. Fiers de vivre dans le pays de l'égalité devant la loi. Car la loi n'a pas d'importance sans la vie. Et la vie n'a pas d'importance sans la fierté.

J'ai été danseuse classique, athlète de haut niveau, juriste spécialiste en droit international, en droit humanitaire, conseillère culture dans un cabinet politique, je suis productrice, éditorialiste, actrice, scénariste, réalisatrice, écrivain ; demain, je serai peut-être peintre, plasticienne, décoratrice, éleveuse de chevaux femme politique, et plein d'autres choses, j'espère ! Et si cela ne plaît pas à ceux qui chérissent les cases essentialistes, tant pis !

La fierté est un pilier pour appréhender notre héritage aux racines multiples et en faire mille choses. Et la fierté se transmet.

Comme disait Marianne Williamson, « qui sommes-nous pour ne pas être brillants, être radieux, talentueux, merveilleux ? Vivre petit n'aide personne, ne rend hommage à personne ».

Vivre petit fait peur et transmet l'insécurité. Vivre grand, dans cette fierté, fait briller une lumière essentielle de notre humanité, donne la permission aux autres d'être fiers. Elle nous invite à éclairer le chemin pour ceux qui nous suivent. C'est ainsi que chacun peut réaliser des choses, se réaliser même, et c'est la somme des réalisations qui fait rayonner un pays.

La fierté, c'est de la fraternité. Alors, oui, la fierté demande un effort, sinon elle n'est qu'arrogance. La fierté se mérite, sinon elle n'est qu'imposture.

Pour être fier, il faut être courageux, seul, dans son coin ; courageux, loin du regard de tous, en remplissant sa mission. Nous en avons tous une. Pour la connaître, il s'agit de se connaître, s'accepter et estimer que l'on est là, chacun, pour quelque chose.

La fierté réside dans la découverte de soi, dans l'acceptation de nos cicatrices et de nos triomphes. Et malgré ce que l'on peut nous raconter, entre médiocratie et victimocratie, dans une République, tout n'est pas l'équivalent de tout.

Ne pas faire d'efforts n'est pas l'équivalent d'en faire.

Être essentialiste n'est pas l'équivalent d'être existentialiste.

Être né par hasard et quelque part n'est pas l'équivalent de faire quelque chose de sa vie.

Se plaindre de crimes ancestraux, en faire un fonds de commerce ne procure aucune fierté. Mon grand-père n'aurait jamais survécu à Auschwitz pendant trois ans s'il n'avait pas protégé une infime part de fierté en lui. Même chose pour mon père, venu d'Afrique de l'Ouest, parti d'un endroit où il n'y avait rien, pas d'eau, pas d'électricité, pas de livres. La République au cœur, il est devenu professeur à la fac. La fierté, c'est avoir les épaules relevées, face aux défis de la vie. C'est la conviction que chaque bataille, chaque épreuve façonne notre caractère et renforce notre détermination. La fierté, c'est l'art de se tenir debout.

Réussir une vie de réalisation et de réparation de notre humanité, c'est passer au-dessus de l'horreur, oser le dépassement, c'est réussir à enjamber l'histoire pour poursuivre le récit.

La fierté n'est pas un cri, c'est souvent un silence, celui de vaincre le pire de nos ennemis : nous-mêmes. Elle est cette force intérieure, ce sentiment qui nous élève au-dessus des ombres de l'incertitude.

Puisque nous ne semblons pas avoir appris des leçons de l'histoire, le temps des épreuves se rapprochent. Or, nous avons dans le cœur des armes enfouies que sont nos principes républicains. Et nous avons aussi dans l'esprit tous les mots pour faire de notre pays une démocratie forte, une République « une ». Alors, mettons-nous encore debout parce que nécessité fait loi.

Bibliographie

Alland Denis et Riais Stéphane, *Dictionnaire de la culture juridique*, PUF, 2003.
Arendt Hannah, *Penser librement*, Payot, 2021.
— *Du mensonge à la violence*, Calmann-Lévy, 2014.
— *Les Origines du totalitarisme*, Gallimard, coll. « Quarto », 2002.
— *La Crise de la culture*, Gallimard, coll. « Folio », 1989.
Badinter Élisabeth, *Les Passions intellectuelles*, Bouquin, 2018.
— *Le Pouvoir au féminin*, Le Livre de poche, 2018.
— *Fausse route*, Odile Jacob, 2003.
— XY. *De l'identité masculine*, Le Livre de poche, 1994.
Brooks David, *Bobos in Paradise: the New Upper Class and How They Got There*, Simon & Schuster, 2001.
Camus Albert, *Discours de Suède. Prix Nobel, 1957*, Gallimard, coll. « Folio », 1997.
— *L'Homme révolté*, Gallimard, coll. « Folio », 1985.

— *La Peste*, Gallimard, coll. « Folio », 1972.
— *L'Étranger*, Gallimard, coll. « Folio », 1971.
Carcassonne Guy et Guillaume Marc (dir.), *La Constitution*, Points, 2022.
Finkielkraut Alain, *L'Après littérature*, Stock, 2021.
Gary Romain, *Gros-Câlin*, Gallimard, coll. « Folio », 2012.
— *Chien blanc*, Gallimard, coll. « Folio », 1972.
— *L'Éducation européenne*, Gallimard, coll. « Folio », 1972.
Le Bras Hervé, *Il n'y a pas de grand remplacement*, Grasset, 2022.
Mounk Yascha, *Le Piège de l'identité*, Éditions de l'Observatoire, 2023.

Remerciements

À Muriel Beyer, Séverine Courtaud, Manon Kauffmann, Sarah Dubriont, Sophie Loria, Marc Decoudun et toutes les équipes de l'Observatoire pour leur confiance et leur engagement précieux auprès des auteurs.

À tous mes amis chers, ceux qui reçoivent des tonnes d'insultes pour ce qu'ils sont ou pour ce qu'ils font, leur métier.

À mes amis, droits dans leurs bottes, en baskets, en talons, en charentaises et même en sabots et qui restent debout.

À mes amis, sous protection policière à cause des renoncements des uns et des lâchetés des autres, merci pour votre courage et la persévérance de nos rires partagés.

Merci, aussi, à mes détracteurs qui, comme pour *Racée*, ne liront pas ce livre non plus ! Leur volonté de me faire taire me permet de comprendre la richesse qu'est la liberté.

Merci à ceux qui me portent et m'accompagnent, les dédicaces sont dans le texte.

Merci à mes parents, mes enfants, ma famille de sang ou de cœur où personne ne se ressemble ni ne croit au même D.

Merci enfin, à la République, cette France qui m'a vue naître, à celle qui nous permet de tenir encore debout.

Table

TROISIÈME PARTIE

LES MOTS QUI FUIENT LA RÉPUBLIQUE

QUATRIÈME PARTIE
LES MOTS-CLEFS
POUR LA RÉPUBLIQUE

Composition et mise en pages
Nord Compo à Villeneuve-d'Ascq

CET OUVRAGE
A ÉTÉ ACHEVÉ D'IMPRIMER
SUR ROTO-PAGE
PAR L'IMPRIMERIE FLOCH À MAYENNE
EN MARS 2024

N° d'impression : 104505
Imprimé en France